NQ Nebenberufliche Qualifikation

Herausgegeben vom Arbeitskreis Universitäre
Erwachsenenbildung
in Zusammenarbeit mit der Universität Oldenburg

Lerneinheit 8

Michael Krull

Kommunikation

Beltz Verlag, Weinheim und Basel

Die NQ-Materialien wurden im Rahmen des vom Bundesminister für Bildung und Wissenschaft finanzierten Projekts "Entwicklung und Erprobung von Qualifikationsseminaren für nebenberufliche Mitarbeiter in der Erwachsenenbildung" (NQ-Projekt) hergestellt und in Kursen mit Trägern der Erwachsenenbildung erprobt.

Träger des Projektes war der Arbeitskreis Universitäre Erwachsenenbildung (AUE), Hannover, in Zusammenarbeit mit dem Zentrum für wissenschaftliche Weiterbildung (ZWW) der Universität Oldenburg.

Das NQ-Projekt hatte einen Beirat, dem sämtliche Spitzenverbände der Weiterbildung angehörten.

Inhaltlich beraten wurde das NQ-Projekt durch die Projektgruppe, in der Fachleute der meisten Träger und Verbände der Erwachsenenbildung und einzelner Hochschulen vertreten waren.

Beratende Mitwirkung bei der Endredaktion: Erhard Schulz

CIP-Kurztitelaufnahme der Deutschen Bibliothek

Nebenberufliche Qualifikation : NQ / hrsg. vom
Arbeitskreis Universitäre Erwachsenenbildung in
Zusammenarbeit mit d. Univ. Oldenburg. -
Weinheim ; Basel : Beltz
ISBN 3-407-51200-7
NE: Hochschulverband / Arbeitskreis Universitäre
Erwachsenenbildung; NQ
Lerneinheit 8. Kommunikation / Michael Krull. -
1982
ISBN 3-407-51208-2
NE: Krull, Michael (Mitverf.)

Druck nach Typoskript

Typoskript: Karin Claßen
Druck und buchbinderische Verarbeitung: Beltz Offsetdruck,
6944 Hemsbach über Weinheim
Printed in Germany

ISBN 3 407 51208 2

Gliederung der Lerneinheit "KOMMUNIKATION" Seite

Hinweise für den Leser der NQ-Materialien

1. Kapitel- und Abschnittgliederung

Unsere Lerneinheiten bestehen in der Regel aus vier Hauptteilen:

E = Einleitung
F = Fallbeispiel
G = Grundlagentext
A = Arbeitshilfen

Die einzelnen Kapitel und Abschnitte sind nach Ziffern gegliedert, und zwar so, daß jeder neue Unterpunkt eine Ziffer mehr hat als der nächsthöhere Oberpunkt.

Also: Kapitel 1. ....
Abschnitte 1.1 .... usw.

2. Aufgaben und Übungen

Im Text finden Sie immer wieder Übungen und Aufgabenstellungen, die Ihnen eine Übertragung des Gelernten auf Ihre eigene Praxis erleichtern sollen und darüber hinaus zu Ihrer persönlichen Lernkontrolle dienen können.

Dies erfordert häufig schriftliche Äußerungen. Versorgen Sie sich also möglichst mit zusätzlichem Schreibpapier, auf dem Sie die Aufgaben ausführlich bearbeiten können. Die Übungsaufgaben und Fragen im Text erkennen Sie leicht anhand dieses *Schrifttyps*.

3. Zitate

Zitate sind durch Anführungszeichen gekennzeichnet. Den Nachweis der Quellen finden Sie jeweils in Klammern hinter dem Zitat.

4. Quellenangaben

Im Text führen wir nur den Namen des Autors, Erscheinungsjahr und Seitenzahl an (z.B. Müller, 1979, S. 84); in der Literautliste finden Sie dann die vollständigen Angaben:
Name, Vorname, Titel, Erscheinungsort und -jahr.

E EINLEITUNG

1. Kommunikation in der Weiterbildung

Was ist das - Kommunikation?

"Kommunikation" wollen wir zunächst verstehen als den komplexen Vorgang des Austausches von Mitteilungen aller Art zwischen Personen.
Die allgemeine Bestimmung von Kommunikation beinhaltet, daß nicht nur das "Sprechen" gemeint ist. Mitteilungen sind auch: Gesten, Mimik, Körperhaltung usw. und auch z.B. Schweigen. Und diese Mittelungen sind manchmal von noch größerer Bedeutung als das, was wir sprechen. Unter diesem Aspekt den Lernprozeß betrachtet, findet bereits in dem Moment Kommunikation statt, in dem Teilnehmer den Arbeitsraum betreten. Also auch ein betretenes Schweigen der Teilnehmer am Beginn der ersten Veranstaltung ist Kommunikation.

Stellen Sie sich nun einmal die Anfangsphase in einem Ihrer Kurse vor. Worüber wird in der Regel während der Einstiegssituation kommuniziert? Meist ist es doch das Thema, das Programm, die Sache, über die sich Teilnehmer und Kursleiter verständigen. Selbst, wenn die Teilnehmer über ihre Erwartungen reden, so beziehen sich die sprachlichen Äußerungen auf eine Sache und selten auf das, womit die Teilnehmer in der Situation wirklich beschäftigt sind: den anderen Gesichtern, der Lernumgebung, dem Kursleiter, Erinnerungen an eigene Schulzeit usw.

Alle diese Gedankeninhalte kommen häufig nicht zur Sprache - über wie wird nicht kommuniziert.

Wir wollen Ihnen in diesem Teil der Einleitung ein Modell vorstellen, das versucht, die tatsächlich vorfindbaren Einflußgrößen in jeder Kommunikation aufzudecken und in einen Zusammenhang zueinander zu stellen.

Sehen wir uns zunächst dieses Modell näher an:

Das Modell der Themenzentrierten Interaktion

Dieses Modell geht davon aus, daß Lernprozesse in bzw. von Gruppen immer drei Bestandteile haben: das Thema, das Ich, die Gruppe.

Das Thema ist die Sache, um die es in der Lernveranstaltung geht, sind also die Inhalte, die vermittelt, die gelernt werden sollen; also z.B. Fremdspra-

chen, Makramê, Elektronik I, Yoga usw.
Die Themen, die Inhalte, der Stoff wird
1. jedoch nicht "neutral" oder "objektiv" vermittelt - sondern es ist eine lebendige Person, die etwas lernen will; eine Person, die ebenso müde sein, einen schlechten Tag haben kann, wie Teilnehmer unkonzentriert, desinteressiert usw. sein können.
2. ist "Lehren" nicht gleich "Lernen": nicht alles, was der Lehrende vermittelt, kommt bei allen Teilnehmern an. Vieles kommt zudem nicht so bei allen an, wie es der Lehrende vermitteln wollte.
Beide Sachverhalte (1. und 2.) verweisen auf einen zweiten Bestandteil in jedem Lernprozeß:

Das Ich umfaßt alle Einflußgrößen über die Äußerungen zum Thema hinaus, die die Erwartungen, Erinnerungen, Interessen, Gefühle usw. der beteiligten Personen angehen; diese wirken, obwohl meist nicht zum Thema gemacht, dennoch auf das Lerngeschehen ein, indem die Motivation, die Aufmerksamkeit, die Speicherung des Gelernten usw. beeinflußt werden. Wir können so weit gehen und als These formulieren: Ohne die Berücksichtigung von Selbstwahrnehmung, Wichtigkeit eigener Gefühle, Empfindsamkeit nach innen usw. bleibt jede pädagogische Lernsituation erfolglos, weil die Einflüsse " 'Ich' des Lehrenden" sowie " 'Ich' der Lernende" wesentliche Bestimmungsgrößen für den Lehr-/Lernprozeß darstellen.

Nun sind mit der näheren Beschreibung von "Thema" und "Ich" noch nicht alle Bestandteile eines Lernprozesses bezeichnet. Denn wenn sich mehrere Personen zum Lernen zusammenfinden, dann ist die entstandene Gruppe mehr als die Summe der einzelnen "Ichs". Denn immer dann, wenn sich mehr als zwei Menschen zum Lernen treffen, entstehen aufgrund der Dynamik von und in Gruppen Wirkungen, die das Wohlbefinden, die die Bereitschaft, Verhalten zu ändern, die die Leistung usw. beeinflussen (vgl. LE 5). Diese Wirkungen sind vor allem emotionaler Art und von daher nicht leicht erfaßbar. Sie beeinflussen allerdings die Arbeitsfähigkeit von Gruppen stärker, als z.B. organisatorische, physiologische Lernbedingungen.
Damit ist die Gruppe als die dritte Einflußgröße für das Lernen einer Gruppe bezeichnet.

Diese drei Bestandteile lassen sich als die Eckpunkte eines Dreiecks veranschaulichen. Und wie Sie vielleicht noch aus der Schulzeit wissen, läßt sich für das gleichschenklige Dreieck Ich-Thema-Gruppe ein Schwerpunkt angeben ("S"). Dieser Punkt bezeichnet den idealen Zustand einer Lerngruppe, in dem die drei Bestandteile optimal ausbalanciert sind.

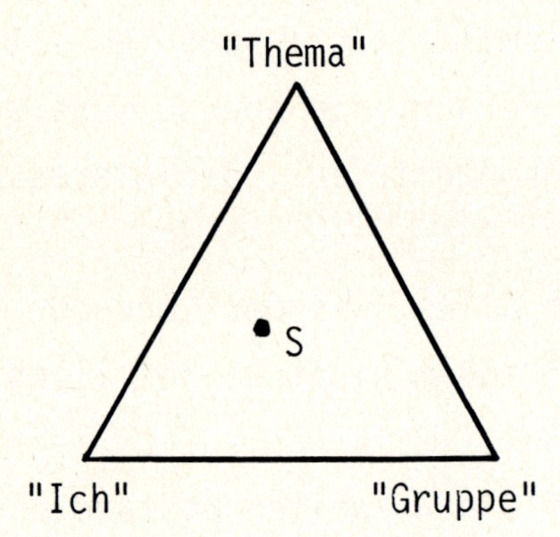

Sie werden jetzt vielleicht einwenden, daß diese Ausgewogenheit doch wohl auch etwas mit dem Thema des Kurses zu tun habe.
Wir wollen uns zu diesem Einwand einmal drei Kurse vergegenwärtigen:

Kurs 1: "Technisches Zeichnen

Grundregeln der Darstellung und des Zeichnens einfacher und schwieriger Gegenstände. Einführung in die Abwicklungs- und Durchdringungskonstruktion.
15 x 4 Stunden."

Kurs 2: "Kontakt und Rückzug

Sie haben die Möglichkeit, mehr Aufschluß für sich zu Fragen wie diesen zu finden: Wie handhabe ich Kontakt und Rückzug? - Welche Kontaktbedürfnisse habe ich? - Wie kann ich einen Kontakt herstellen? - Woran kann ich erkennen, ob ich mich zurückziehen möchte?
Mit Hilfe von Gruppendynamik, Themenzentrierter Interaktion, Psychodrama und Verhaltenstherapie können die Teilnehmer lernen, mehr Zugang zu sich selbst und zu anderen zu gewinnen.
18 Stunden."

Kurs 3: "Sektkellerei Christian Adalbert Kupferberg & Companie, Mainz a. Rh. und Weinbrennerei Asbach & Co., Rüdesheim

Wir besuchen vormittags eine der ältesten Sektfabriken und vermitteln Einblicke in die historischen Kellereianlagen in sieben Stockwerken unter der Erde. Führungskräfte informieren über die Verfahrenstechnik der Sektherstellung. Am Nachmittag besichtigen wir die Weinbrennerei Asbach & Co. in Rüdesheim und berichten über die Destillation von Wein und die Zubereitung des Weinbrandes. In dem Einführungsvortrag werden alkoholische Gärungen und Weindestillationen in Glasapparaten dargeboten."

(Aus dem Veranstaltungsverzeichnis einer großstädtischen Einrichtung)

Versuchen Sie bitte einzuschätzen,

a) wo in den Veranstaltungen der Schwerpunkt S zu Beginn der Veranstaltung (der Einstiegsphase) liegt und warum;

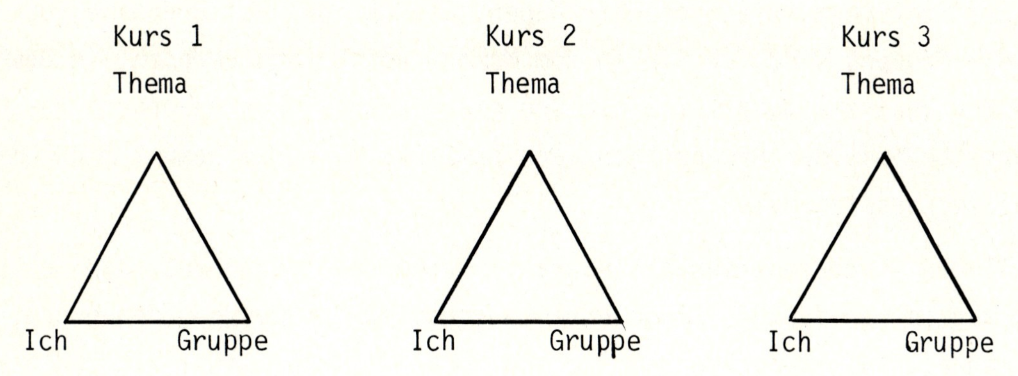

b) wo könnte er gegen Ende der Veranstaltung liegen?[1)]

Wenn Sie Spaß daran haben, können Sie sich einmal überlegen, wie der Schwerpunkt in ihrer letzten Veranstaltung ausgesehen hat - jeweils den verschiedenen Phasen des Veranstaltungsverlaufs entsprechend.

---

1) Unser "Lösungsvorschlag":

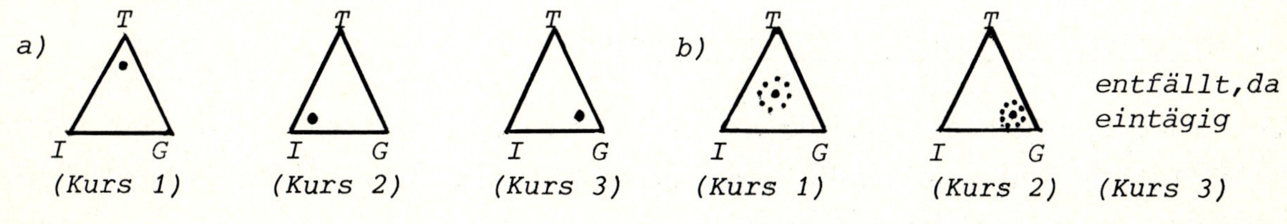

<u>Begründung:</u> Bei Kurs 1 überwiegt zu Beginn das Thema. Die Beteiligten sind einander fremd. Was das Thema mit dem "Ich" zu tun hat, ist dem Betroffenen noch nicht bewußt. Eine Gruppe existiert noch nicht. Gegen Ende des Kurses kann der Schwerpunkt eher zwischen "Thema" und "Gruppe" liegen, die sich durch das Zusammenarbeiten und der Metakommunikation darüber konstituiert haben kann.
Bei Kurs 2 liegt der Schwerpunkt zu Beginn der Veranstaltung eher beim "Ich". Das Bedürfnis der Teilnehmer nach Kontakten untereinander ist zwar ausgeprägt. Zur Thematisierung der Gruppe ist es jedoch aufgrund der Hemmungen noch nicht gekommen. Zum Ende des Kurses haben die meisten Teilnehmer auch ihre persönlichen Probleme <u>in der Gruppe</u> besprochen, so daß der Schwerpunkt eher bei "Gruppe" liegen kann.
Zu Beginn der dritten Veranstaltung liegt der Schwerpunkt bei der "Gruppe". Jeder Teilnehmer freut sich auf die Busfahrt mit anschließender Weinprobe. Weder das "Thema" noch das "Ich" sind dabei sonderlich von Interesse. Aufgrund der Veranstaltungsform ist kaum zu erwarten, daß sich der Schwerpunkt wesentlich verändert.

Was kann das Modell der Themenzentrierten Interaktion zu unserem Verständnis für das Lernen von und mit Erwachsenen beitragen?

1. Sie mögen als Kursleiter diesen Lernprozeß vielleicht einzig und allein als Vorgang der Stoffvermittlung gesehen haben. Die übrigen Bestandteile, das Ich und die Gruppe, sind für Sie in dem Moment von Belang gewesen, in dem Sie nach der Veranstaltung mit Einzelnen ein "persönliches Gespräch" geführt oder aber mit der Gruppe sich nach dem Kurs zu einem gemütlichen Umtrunk zusammengesetzt haben.

2. Das Modell der Themenzentrierten Interaktion geht nun davon aus, daß in Veranstaltungen selber die drei Bestandteile thematisiert werden können und, soll Lernen als Aneignung von Fähigkeiten, Fertigkeiten, Einstellungen usw. stattfinden, sogar angesprochen werden müssen - sie sollen nicht nur am Rande oder aber nur außerhalb behandelt werden. Welche didaktisch-methodischen Verfahrensweisen dies beinhaltet, wird im Grundlagentext noch ausführlich angesprochen werden.

3. Während Sie zum Bestandteil "Gruppe"in der Lerneinheit "Lernen und Gruppe" weitere Ausführungen finden können, wollen wir uns in dieser Lerneinheit hauptsächlich mit dem kommunizierenden "Ich" beschäftigen. Also: Was geht in den beteiligten Personen vor? Was äußern die Teilnehmer/Kursleiter? Was kann ich aus den Mitteilungen entnehmen? Usw.

2. Überblick über die Inhalte der Lerneinheit

Den Grundlagentext im Anschluß an das Fallbeispiel möchten wir in vier Abschnitte aufteilen. Diese sollen in ihrer groben Gliederung die wichtigsten Phasen eines Kursverlaufs nachzeichnen:
- den Prozeß des Mitteilungsaustausches
- die Entwicklung von Kommunikationsstrukturen

Wir werden die Einstiegssituation als eine Art Drehscheibe dafür beschreiben, auf welchen "Schienen der Kurswagen in seiner Reise rollen" wird. In ihr werden die Weichen auch dafür gestellt, wie die Ballance zwischen den Bestandteilen Thema, Gruppe, Ich hergestellt wird.

Nach der Behandlung der Einstiegssituation soll die zweite Phase, der Prozeß des Mitteilungsaustausches, behandelt werden. Dabei geht es um folgende Frage-

stellungen:
Welche situativen und/oder biographischen Bedingungen verursachen das Entstehen von Mißverständissen? Welche Bedingungen führen zu welchen Kommunikationsstrategien - wie
Aufbau von Fassaden, Verstellungen; das Entstehen von Schutzphrasenhaltungen, Entscheidungsproblemen, usw?

Im dritten Teil wollen wir auf Kommunikationsstrukturen eingehen, die sich in Kursen entwickeln können. Störungen in Gesprächen sollen dabei vorrangig behandelt werden. Wir wollen Fragen nachgehen wie: Können wir lernen, Gespräche zu führen? Also lernen, zu verstehen und verstanden zu werden? Welche Gesprächshaltungen gibt es für welche Ziele? Was haben Gesprächshaltungen mit mir als Kursleiter zu tun? Welche Regeln lassen sich mit den Teilnehmern verabreden?

3. Ziele der Lerneinheit

Nach Durcharbeiten der Lerneinheit und häufiger Diskussion mit Partner, Fremden, Gruppen (das ist natürlich besonders wichtig bei dem Thema "Kommunikation"), wünschen wir uns:

- Daß Sie die wesentlichen Aussagen und Modelle der Kommunikationstheorie und auch die Grenzen und Gefahren bei der Anwendung verstanden haben.
- Daß Sie die Ergebnisse auf Ihre Kurssituation anwenden können, indem Sie sensibler geworden sind in der Wahrnehmung und geübter in der Deutung sozialemotionaler Prozesse bzw. ihrer sprachlichen und nicht-sprachlichen Ausdrucksformen.
- Daß Sie Situationen bestimmen können, in denen Sie in das "normale" Unterrichtsgeschehen eingreifen müssen und z.B. den Schwerpunkt im Dreieck Thema-Ich-Gruppe verändern: Sei es, daß Sie ein Gespräch über den gerade abgelaufenen Lernvorgang (Metakommunikation) vorschlagen und begründet erklären, sei es, daß Sie eine Spielphase oder andere Verfahren einsetzen.

F FALLBEISPIEL

1. Vorbemerkung

Im folgenden Fallbeispiel finden Sie gesprächsweise den Verlauf zweier Kurse wiedergegeben. Es werden jeweils die drei Ohasen näher beschrieben: Einstieg, Mitteilungsaustausch, Kommunikationsstrukturen.

Beide Kursverläufe werden aus der Perspektive von Teilnehmern geschildert. Zwar kann so nicht deutlich gemacht werden, daß das Lerngeschehen unterschiedlich wahrzunehmen ist: der Teilnehmer nimmt aus seiner Perspektive andere Sachverhalte, andere Prozesse wahr als der Kursleiter - beide wiederum andere, als z.B. ein Beobachter sehen würde - jedoch können Sie sich beim Lesen die Frage stellen: wie mag das wohl der jeweilige Kursleiter gesehen haben?

Bevor wir nun ein Gespräch wiedergeben, das zwischen Erika und Lars stattfindet, noch einige Vorbemerkungen zum Kurs.

Kurs A

Frau Ramee, Kursleiterin für politische Bildung, hat einen Einführungskurs 'Politische Ökonomie' angekündigt. Besonderer Vorbereitung bedarf es nicht, da sie auf eine mehr als 4-jährige Erfahrung zurückblicken kann. Hauptberuflich arbeitet Frau Ramee in einer Berufsschule in den Fächern Staatsbürgerkunde und Wirtschaftslehre.
Frau Ramee legt besonderen Wert auf ein gutes Gelingen der Einstiegssituation. Sie sagt sich: Gerade für solche Bildungsarbeit, deren Lernprozesse sehr stark von den persönlichen Einstellungen der Beteiligten abhängig sind, ist ein angenehmes Lernklima, Offenheit und Verständis füreinander notwendige Voraussetzung.
Folglich hat Frau Ramee den ersten Abend wie folgt geplant:
Nachdem sie sich den Teilnehmern vorgestellt und anhand eines detaillierten Themenplans erläutert hat, wie sie sich den Veranstal-

Kurs B

Herr Mak arbeitet nebenberuflich an einer Weiterbildungseinrichtung im Fachbereich Wirtschaft und politische Bildung. Im Hauptberuf ist er selbständiger Wirtschaftsprüfer. Herr Mak arbeitet seit 5 Jahren in der Weiterbildung, weil ihm diese Tätigkeit einen guten Ausgleich zu seiner sonst nervenaufreibenden und hauptsächlich mit Zahlen befaßten Arbeit bietet. In seinen Themenangeboten richtet er sich meist nach den Wünschen der Einrichtung. Vom Stoff her fühlt er sich in seinem Fach sattelfest.
Herr Mak gestaltet die Einstiegsphase sehr knapp: für ihn ist es klar, daß die Teilnehmer hauptsächlich am Thema interessiert sind und sehr schnell zur Sache kommen wollen. Das Kennenlernen der Teilnehmer hat er dadurch erleichtert, daß er Namensschilder vorbereitet hat, die die Teilnehmer gleich zu Beginn des Kurses ausfüllen. So können sie sich gleich mit Namen ansprechen. Das weitere Kennenlernen - diese Erfahrung hat zumindest Herr Mak gemacht -

tungsverlauf vorstellt, verteilt Frau Ramee einen Leitfaden für das Partnerinterview. Je zwei Teilnehmer interviewen sich wechselseitig anhand der vorgeschlagenen Fragen und stellen danach im Plenum den Partner vor.
Die Fragen des Leitfadens sind: Name, Alter, Hobbys, Beruf, Interessen gegenüber den anderen Teilnehmern, Vorerfahrungen mit dem Thema, Erwartungen, Anredeform im Kurs (Duzen oder Siezen) etc.

geschieht am besten bei einem gemütlichen Umtrunk im Anschluß an einen der ersten Kursabende. Diesen Vorschlag haben bislang auch die meisten Teilnehmer immer sehr freudig aufgenommen.

2. Falldarstellung

Aus einem Gespräch zwischen Erika und Lars.Sie haben sich anläßlich einer Versammlung getroffen. Beim anschließenden gemütlichen Teil sind sie über ihre Kurserfahrung ins Gespräch gekommen:

Erika: "Also, die Frau Ramee, die den Kurs geleitet hat, hat das ganz toll gemacht. Allein schon der Anfang, da könnten wir uns für unsere Parteiveranstaltungen 'ne Scheibe von abschneiden. Da ging das nämlich nicht gleich mit Stoff los, sondern den ersten Abend haben wir fast nur mit Kennenlernen verbracht. Wir haben jeweils einen Partner befragt und uns dann wechselseitig in der Großgruppe vorgestellt. Wir haben da sehr viel voneinander erfahren, warum wir gekommen waren, welche Erwartungen wir hatten, was wir über das Thema und auch von den anderen Teilnehmern wissen sollten."

Lars: "Ne - also das war bei uns ganz anders. Bei uns ging das gleich voll rein. Gleich so mit Grundbegriffen, historischen Ableitungen und so. Kennengelernt haben wir uns erst da so'n bißchen, als wir nach dem dritten Kursabend 'n Bierchen zusammen trinken waren. Da sind wir uns dann auch persönlich näher gekommen. Aber so vom Inhaltlichen her - das habe ich heute abend bei der Strategiedebatte gemerkt - da habe ich unheimlich viel mitbekommen."

Erika: "Also inhaltlich gesehen - da war ich lange zwiespältig. Wir haben unser Programm nicht geschafft. Und während des Kurses war ich auch unzufrieden darüber, weil wir so schrecklich viel Zeit damit zugebracht haben, unsere Schwierigkeiten zu besprechen. Immer dann nämlich, wenn Frau Ramee das Gefühl hatte, wir redeten aneinander vorbei oder die Diskussion drehte sich im Kreise, dann machte sie eine ... wie hieß das doch gleich ..., ja, eine Metakommunikation.
Also wir redeten über unsere Reden. Ergebnis jedenfalls war, daß wir dann hinterher erkannten, ob die Gegensätze in den Diskussionen letztlich durch unterschiedliche politische Positionen begründet waren - oder ob es Mißverständisse, Fehlinterpretationen oder einfach nur verbale Schlagabtäusche waren ..."

Lars: "Also davon hatten wir reichlich. Da flogen manchmal ganz schön die Fetzen. Wenn's zu hitzig wurde, hat der Kursleiter, Herr Mak, eingegriffen und ein neues Thema vorgeschlagen. Das klappte auch meist ganz gut, obwohl es noch 'ne Weile weiterbrodelte.
Aber sag mal Erika, bist du denn nun zufrieden mit dem, was da so inhaltlich 'rübergekommen ist?"

Erika: "Wie gesagt - ich war mir lange Zeit nicht klar, wie ich das einschätzen sollte. Erst so ganz langsam ist mir aufgegangen, daß das, was wir mit Metakommunikation gelernt haben, eigentlich auch in den Kurs gehörte. Denn guck' mal - heute abend hast du es doch mal wieder gemerkt: die Diskussion war doch zum größten Teil beschissen - ich hab' das ja auch gesagt. Übrigens - den Mut, vor so einer großen Gruppe zu sprechen und dann noch den Diskussionsstil zum Thema zu machen, hätte ich vor dem Kurs nie gewagt. Von daher ist mir klar geworden, daß das Erkennen und Ansprechen von dem Diskussionsstil z.B. hier für mich ein wichtiger Lernerfolg war. Früher bin ich sauer nach Hause gegangen, wenn endlos um nix und wieder nix debattiert wurde. Heute sage ich es. Und, um auf deine Frage zurückzukommen, zufrieden bin ich sehr mit dem, was ich gelernt habe. Es war aber eben nicht nur Inhaltliches. Ungewohnt war es schon, diese Metakommunikation. Und erwartet hab' ich's auch nicht. Aber meine Erwartung hatte sich ein bißchen auch schon durch den Beginn der Veranstaltung geändert, weil Frau Ramee uns da schon Regeln vorgeschlagen hatte, wie wir uns verhalten sollten, wenn uns etwas stört: "Störungen haben Vorrang" so hieß z.B. eine Regel ..."

Lars: "Haben denn dabei alle mitgezogen? Also - wenn ich mir so die übrigen Teilnehmer bei meinem Kurs anschaue - die hätten bestimmt gesagt: was soll das Gequatsche. Ich will hier was lernen und nicht so mit Meta .. die Zeit vertun."

Erika: "Also - das gab's bei uns auch. Nur - jeder hatte ja die Möglichkeit, Störungen anzumelden. Und wenn die Meta zu lange gedauert hat, gingen auch rote Karten hoch. Damit wurden Störungen signalisiert. Wir haben uns dann neu verabredet, wie wir weitermachen sollten. Oder haben blitzartig erfragt, wie jeder sich gerade fühlt oder was er jetzt möchte ..."

Lars: "Wie war denn das bei euch mit der Anrede ...?"

Erika: "Wir haben das gleich bei dem Partnerinterview besprochen. Da haben sich zwar einige Vorbehalte bei dem 'Du' angemeldet - aber letzten Endes waren doch alle dafür. Und das war auch gut. Denn das hat irgendwie zum guten Lernklima beigetragen ." ...

(etwas später)

Erika: "Wie ist das denn so bei dir im Kurs gelaufen?"

Lars: "Also, 'ne komische Gruppenkonstellation hat sich im Verlauf des Kurses ergeben: eine größere Gruppe - das waren diejenigen, die sich von Anfang an geduzt haben, die hat sehr viel zusammengehockt, hat sich außerhalb des Kurses auch wohl mal getroffen und sich im Kurs unterstützt. Daneben gab es eine zweite Gruppierung, allerdings lange nicht mit so intensiven Gruppenbeziehungen untereinander.

Bei Diskussionen z.B. der Frage, ob durch entsprechende Lohnerhöhungen die Arbeitslosigkeit wirksam bekämpft werden könne, standen sich die Gruppen und die meisten übrigen Teilnehmer oft unversöhnlich gegenüber. Eigentlich immer, wenn es mal im Kurs zu Meinungsverschiedenheiten kam, immer dann hat sich so eine Art Frontstellung zwischen dieser Gruppe und den anderen Teilnehmern entwickelt. Die haben teilweise ganz schönes "Kluckenverhalten" an den Tag gelegt, wodurch sich die übrigen Teilnehmer doch manchmal ausgeschlossen fühlten. Die reagierten dann oft sehr spitz und übertrieben aggressiv, wenn von der Du-Gruppe irgendein Vorschlag kam oder ein Einwand gegen das Vorgehen im Kurs. Und die Du-Gruppe ist dann in solche Auseinandersetzungen auch immer voll eingestiegen und hat ihren Standpunkt mit Händen und Füßen verteidigt - wir haben dabei gar nicht gemerkt, ob das eigentlich angemessen war. Heute glaube ich, da sind die Aggressionen 'rausgegangen, die immer latent im Kurs da waren aber nie besprochen wurden. Herr Mak hat erst dann abgebrochen, wenn es zu schlimm wurde."

Erika: "Also - gerade bei dem Stichwort: 'Lohnerhöhung als Mittel gegen Arbeitslosigkeit' fällt mir ein, daß wir dieses Thema auch hatten. Bevor wir da in die Debatte gestiegen sind, haben wir erst einmal in Kleingruppen vordiskutiert - jeder konnte so aus seinem Erfahrungsbereich das Thema für sich ausloten, und dann konnten Positionen dazu erarbeitet werden. Auf diese Weise kamen ganz andere Aspekte des Themas zum Tragen und die Diskussion verlief daraufhin zwar nicht minder heftig, aber vergleichsweise sachlich.

Lars: "Was mir jetzt beim Erinnern in den Sinn kommt: diese Gruppierungen im Kurs waren eigentlich nicht sehr fruchtbar. Ich fühlte mich z.B. häufig nicht ernst genommen. Manche Teilnehmer sind aus dem Kurs 'rausgegangen, wie sie gekommen sind - entweder haben sie nie den Mund aufgemacht, oder haben durch ihre Beiträge ihre Positionen ständig wiederholt. Ich hatte - und anderen ging's auch so - auch Angst, mal was Falsches zu sagen. Irgendwie fehlte es an Toleranz. Und dann waren da auch so einige Redekünstler, die haben ihre rhetorischen Fähigkeiten ganz schön ausgespielt und ständig in den Diskussionen dominiert; die haben dir manchmal das Wort im Munde rumgedreht. Allerdings hat das Herr Mak schnell gemerkt und sich die dann besonders vorgenommen; der konnte das nämlich noch besser.
Nur gegen Ende des Kurses, als die Fraktionskämpfe überhand nahmen und kaum noch Verständnis füreinander da war, hat Herr Mak fast einen ganzen Abend dazu verwendet, diese Situation zu besprechen. Das lief auch ganz gut und danach ging es dann auch etwas besser.

Erika: "Dabei fällt mir ein, was die Frau Ramee mal in so einer Situation gemacht hat: wir hatten nämlich auch so'n Redekünstler. Das war ziemlich am Anfang des Kurses. Nachdem der also so'ne Weile Wortspiele 'rausgelassen hat und einige Teilnehmer schon ungeduldig wurden, sagte Frau Ramee, daß sie das störe. Er war ein bißchen verdattert. Sie hat ihm dann gesagt, was sie nicht gut findet.
Erst mal war es dadurch still. Ich dachte zuerst, der Typ sagt nie wieder was. Aber dann hat sie gefragt, ob er was damit anfangen könne. Daraufhin hat er zu unserer Überraschung gesagt, er könne das wohl akzeptieren und wenn er darüber nachdenke, sei es vielleicht doch wichtiger, auch zu erfahren, was andere zu sagen hätten und wie man sich besser

verstehen könne, als nur seinem Mitteilungsbedürfnis zu folgen.
Im Kurs später, und das fand ich gut, kam das brilliante Vortragen zwar noch vor. Aber entweder konnten wir das ab oder es ging 'ne rote Karte hoch - und dann wußte er sofort Bescheid. Wir haben dieses "Rückmeldung geben" übrigens in Kleingruppen dann einige Male ausprobiert. Die Frau Ramee hat uns dazu noch eine Regelsammlung gegeben, wie man das machen sollte."

Lars: "Sag' mal - wenn ich das so höre - seid ihr denn bei all diesen Sachen, wenn ihr so euren Umgang zum Thema gemacht habt, überhaupt noch zur politischen Ökonomie, also zur Sache gekommen?"

Erika: "Ja und nein. Bei der Abschlußbesprechung fanden die meisten, daß wir zwar viel Zeit für Metakommunikation und sowas verloren haben, daß sich das aber gelohnt habe. Erstens gehöre es zur Sache - zweitens haben wir dadurch störungsloser arbeiten können und damit auch effektiver. Weil es eben mehr Spaß gemacht hat, hat jeder mehr gebracht und dabei sei auch besser gelernt worden."

Lars: "Also, daß mit den Abschlußbesprechungen ist ja wohl so'ne Sache. Weißt du, bei uns haben auch alle am Schluß gesagt, wie gut der Kurs war und wieviel wir doch gelernt haben. In dem Moment, wo so'ne Gruppe auseinandergeht, sagt man sich sowieso nur noch Nettigkeiten. Und das, obwohl es vorher zumindest unterschwellig, ganz schön geknistert hat.
Aber - verkleistert denn so'n Psycho-Kram nicht auch politische bzw. inhaltliche Gegensätze, die doch nun mal da sind? ..."

3. Diskussionshilfen

Mit den folgenden Fragen zum Fallbeispiel wollen wir Ihnen eine Hilfe anbieten für eine Diskussion, die Sie mit sich selber - besser aber mit Freunden, Kollegen und Partnern führen können. Die Abfolge der Fragen ist ein möglicher Weg, mit dem Text umzugehen. Sie können sich eine andere Reihenfolge wählen oder auch den Text unter gänzlich anderen Gesichtspunkten diskutieren - vielleicht solchen, die enger an ihren eigenen Erfahrungen anknüpfen.

1. *In den Schilderungen von Erika und Lars finden Sie zwei Kurskonzeptionen wieder - welcher fühlen Sie sich eher verbunden und warum?*

2. *Wie finden Sie die Einstiege in den beiden Kursen? (Welche Vor- und Nachteile haben beide Arten?)*

3. *Wie beginnen Sie einen Kurs? Wie gestalten Sie die Einstiegsphase?*

4. *Wie lösen Sie das Anredeproblem - sofern es für Sie eines ist?*

5. *Wie schätzen Sie die Reaktionen von Frau Ramee und Herrn Mak ein, die dieses Problem beim Mitteilungsaustausch (z.B. sprachliche Dominanz) zeigen? Wie gehen Sie damit um?*

6. *Welche unterschiedlichen Gesprächsstile entwickeln sich in den beiden geschilderten Kursen?*

7. *Sehen Sie noch andere Verhaltensweisen als solche Stile?*

8. *Gab es in Ihren Kursen auch schon Situationen, in denen Sie sprachlich überlegen waren und dieses ausspielten?*

9. *Wie schätzen Sie Abschlußbesprechungen ein? Müssen diese ritualisiert, d.h. in starren, quasi programmierten Formen ablaufen oder gibt es dazu Alternativen?*

10. *Wie beantworten Sie die abschließende Frage im Fallbeispiel?*

G GRUNDLAGENTEXT

1. Der Einstieg

Sie werden vielleicht überrascht sein, daß der Einstieg einen so breiten Raum innerhalb dieser Lerneinheit einnimmt.
Wir halten ihn für eine Schaltstelle für den Kursverlauf und glauben, daß er nicht nur entscheidend dafür ist, welcher Verbindlichkeitsgrad sich bei den Lernenden einstellt, welche Wirksamkeit das Lernen hat, in welchem Maß Teilnehmer ihre bislang erworbene Identität in Frage stellen lassen usw. - wir halten ihn auch für Bedeutungsvoll im Hinblick auf die Motivationsbildung der Teilnehmer für Weiterbildungsaktivität.
Vielleicht sind Sie aber nach dem Durcharbeiten dieses Kapitels nicht mehr so überrascht.
Wir wollen zunächst einige allgemeine Ziele und Inhalte formulieren, die für die Einstiegssituation von Bedeutung sind:

- die Einstiegsphase soll helfen, die Umstellung von Arbeitssituation auf Lernsituation zu erleichtern,
- die Teilnehmer sollen so über die Veranstaltung informiert sein, daß sie darüber befinden können, ob die Ziele, Inhalte und Methoden ihren Interessen entsprechen,
- die Teilnehmer sollen mithilfe der Einstiegssituation in die Lage versetzt werden, ihre Ängste zu überwinden und Offenheit zu erzeugen durch den Prozeß des Sich-Öffnens,
- die Teilnehmer sollen durch das Verabreden von Regeln lernen:
  a) einen partnerschaftlichen Umgang
  b) eine vertrauensvolle Atmosphäre vorzubereiten
  c) den Lernprozeß selbst zu organisieren
  d) sich konkurrenzarme Lernsituationen zu schaffen,
- die Teilnehmer sollen lernen, daß die Artikulation eigener Bedürfnisse und Interessen Bestandteil des Lernprozesses ist. Sie begreifen, daß es nicht nötig ist, solche Interessen, Bedürfnisse usw. hinter Äußerungen zum Thema zu verstecken.

1.1 Bestandteile, Bedeutung und Funktion des Einstiegs

1.1.1 Planung des Einstiegs

Sobald sich die ersten Teilnehmer (und Kursleiter) versammelt haben, beginnt eine Kommunikation miteinander: es wird vielleicht gesprochen - vielleicht redet aber auch nur jeder still für sich und zeigt dabei Schweigen nach außen - so ist der Rahmen des Kurses bereits voll mit Mitteilungen: Wo sitzt jeder? Was könnte er damit sagen? Wann kommt der Kursleiter? Wie schaut mich mein Nachbar an? Wie nehme ich Kontakt auf? Wer lächelt? Usw.

Trotzdem bezeichnen wir erst den Moment, in dem der Kursleiter den Kurs eröffnet (oder auch ein ungeduldiger Teilnehmer) als Beginn; obwohl vorher bereits eine Unmenge an Informationen zwischen den Beteiligten hin und her gelaufen ist. Wir wollen daher den Sachverhalt des "Vorher" als "Vorspann" bezeichnen.

Die Kurseröffnung, als nächster Bestandteil des Einstiegs, ist meist die Begrüßung der Teilnehmer durch den Kursleiter. Banal - werden sie vielleicht sagen. Wir möchten Sie demgegenüber fragen: Was ist das eigentlich - eine Begrüßung? Was geschieht dabei bei Ihnen, wenn Sie diese vornehmen? Was mag bei den Teilnehmern geschehen? Gehen bei denen nicht unausgesprochene Gedanken vor wie: Welch' unangenehme Stimme! ... Seine Kleidung ist auch nicht die neuste Mode! ... Ich muß mich nächstes Mal woanders hinsetzen! ... War das heute ein anstrengender Tag! ... Usw.
Diese Gedanken sind ein zweites wichtiges Moment in dem Entstehungsprozeß von kursspezifischen Einstellungen, Interessen usw. (kursspezifische, aktuale im Gegensatz zu kursüberdauernden, habitualen). Sie beeinflussen mehr oder minder stark die Einstellungen, Erwartungen usw. die die Teilnehmer mitbringen.
Im weiteren Verlauf der Anfangsphase wird es dann um das gehen, welches von einigen befragten Teilnehmern als das 'Eigentliche' bezeichnet würde, warum sie gekommen seien: das Thema, die Sache, das Programm. Wir wollen diesen Bestandteil als "Programmbesprechung" kennzeichnen. Dies Besprechen kann einige Minuten dauern - etwa durch den Verweis auf die Ankündigung oder einen verteilten Themenplan - es kann aber auch, wenn etwa Teilnehmer eigene Vorstellungen einbringen, Stunden in Anspruch nehmen.

Im nächsten Bestandteil der Einstiegsphase geht es um das Kennenlernen der am Lernprozeß Beteiligten.

Können Sie sich vorstellen, daß die unterschiedliche Schreibweise,Kennenlernen oder Kennen lernen, auch unterschiedliche Auffassungen wiederspiegelt? Ebenso wie auch "Vorstellen" sehr verschiedenes sagen kann! [1] Besonders dieser Vorgang kann sehr unterschiedlich gehandhabt werden - sowohl was

- zeitliche Dauer
- besprochene Inhalte
- verwendete Verfahren

angeht - je nach den Zielsetzungen, die Sie sich für diesen Bestandteil gestellt haben, sowie den Bedingungen (z.B. Raum, Zeit).

Zwei weitere Bestandteile stehen noch aus:

- das Besprechen von Verhaltensweisen, Regeln usw. für den Lernprozeß. Wir wollen dieses Verabreden als "Lernregel" bezeichnen.
  Vielleicht fällt Ihnen aus der Falldarstellung eine Lernregel ein? Ja, die roten Karten zum Signalisieren von Störungen sind Ausdruck einer solchen Regel. Oder das Anbringen einer Wandzeitung mit der Funktion,"Klagemauer" zu sein für unbemerkt aufzuschreibenden Ärger oder Wünsche, kann eine Verabredung von Lernregeln sein usw.
- das Besprechen von Organisatorischem: Zeiten, Sitzordnung, Treffen außerhalb des Kurses, usw. Wir wollen das als "Lernorganisation" bezeichnen.

Können Sie aus diesen Bestandteilen der Einstiegsphase (Vorspann, Begrüßung, Programmbesprechung, Kennenlernen, Lernregeln, Lernorganisation) sich Ihre ideale Einstiegsphase zusammenstellen?

Sie werden herausgefunden haben, daß manche Teilnehmervoraussetzungen sich den Zielen/Inhalten gegenüber geradezu entgegengesetzt darstellen. Wie können wir nun angemessen unsere Ziele in eine Einstiegsplanung umsetzen?

Wir können erstens, wie in der Lerneinheit "Lernziele" aufgezeigt, die Ziele in kleinere Schritte zerlegen, wobei die vorgefundenen Teilnehmervoraussetzun-

---

1) *Verzeihen Sie uns diese kleinen "Sprachspiele" - aber sie erscheinen uns im Rahmen dieser Lerneinheit durchaus angebracht: soll es hier doch auch darum gehen, für Sprache empfindsam zu werden. Die verschiedenen Bedeutungen von "Vorstellen, vor stellen ..." werden Ihnen sicher einfallen. Auch sehen wir einen Unterschied zwischen dem Vorgang des "Kennenlernens" auf der einen und "Lernen, wie ich jemanden kennen kann" auf der anderen Seite.*

gen Ausgangsdaten sind. Zweitens können wir uns eine lerntheoretische Erkenntnis zunutze machen, die in der Lerneinheit 8, Lernprobleme, näher beschrieben ist: das Lernen durch Nachahmung (Imitationslernen).

Aufbauend auf diese Überlegungen können wir uns nun daranmachen, eine solche Einstiegsphase zu konzipieren, die die oben aufgeführten Lernziele erreichen hilft.

Beispiel:

Wir wollen dies am Beispiel einer Mitarbeiterfortbildungsveranstaltung versuchen. Es wurden 20 Kursleiterinnen erwartet im Alter zwischen 21 und 55 Jahren aus nahezu allen an einer großstädtischen Volkshochschule angebotenen Fremdsprachen. Nur 1/5 der Lehrerinnen - die meisten im Hauptberuf Hausfrau und fachlich kompetent durch entweder Dolmetscher-, Fremdsprachenkorrespondentinnen- oder Übersetzerinnenausbildung - oder sie sind "native speaker", Sprecher also, die die zu unterrichtende Fremdsprache als Muttersprache beherrschen. Die Kursleiterinnen haben bislang kaum an Fortbildungsmaßnahmen teilgenommen. Inhaltlich sollen erwachsenenpädagogische Grundqualifikationen sowie ein neuer Ansatz im Sprachunterricht mit Erwachsenen vermittelt werden. Der erste Teil der Veranstaltung ist ein Wochenende. Folgende Planung wurde vorbereitet:

Planungsskizze

Bestandteil der Einstiegsphase	Ziel und Inhalt	Begründung
1. Vorspann	Die Teilnehmer sollen erfahren, welche Auswirkungen das persönliche Begrüßen und gemeinsame "Einrichten" des Unterrichtsraumes hat.	Gemeinsames Tun als Aufgabe schafft entlastende Kommunikation: Miteinander zu sprechen erfolgt beiläufig, noch nicht belastet von dem Druck, der durch das Zuhören des Plenums bzw. dem Lösen einer Aufgabe entsteht.
2. Begrüßung	Die Teilnehmer lernen durch die eindeutige Mitteilung des Kursleiters die Bedeutung der sprachlichen und nicht-sprachlichen Bestandteile von Kommunikation kennen.	Mit der Art und Weise des Vorstellens als erste offizielle Kommunikation bestimmt der Kursleiter bereits ein Stück der sich entwickelnden Kursstruktur.

Bestandteil der Einstiegsphase	Ziel und Inhalt	Begründung
3. Kennenlernen (Partnerinterview)	Mit dem Partnerinterview[1] lernen die Teilnehmer, sich zumindest auf einen anderen Kursteilnehmer einzustellen, ihm zuzuhören, ihn zu befragen bzw. sich ihm verständlich zu machen. Vor der Plenumsphase wird die erste Lernregel eingeführt: Funktion und Bedeutung der "roten Karten".	Dieser Bestandteil liegt vor der Programmbesprechung, da es dabei um eine grundsätzliche konzeptionelle Diskussion geht, die bereits ein Maß an Vertrautheit voraussetzt, ist das Kennenlernen vorgezogen worden. Wir erwarten allerdings auch weniger Vorbehalte gegenüber diesen Vorstellungsverfahren als vielleicht in "normalen" Kursen aufzufinden sind. Bedingung und Einsatz dieser oder ähnlicher Verfahren ist, daß sie didaktisch vermittelt werden: den Teilnehmern Ziel, Aufbau und Verfahrensweise erklärt und begründet werden.
4. Lernregeln I "rote Karte"	Die Teilnehmer erfahren am Beispiel der Einführung von Lernregeln, - daß sie Subjekte des Lernprozesses sein können, - daß die Rolle des erwachsenen Lerners definiert werden kann als die des aktiven, den Lernprozeß selber steuernden usw. - daß Störungen Vorrang haben	Da die bloße Verkündung von Lernregeln meist wirkungslos bleibt, wird die sich an das Partnerinterview anschließende Plenumsphase als Einübungsgelegenheit der 1. Regel benutzt. Dabei wird das erste Mal der Kommunikationsprozeß als solcher zum Thema, wenn dargelegt wird, daß Störungen in Form von Metakommunikation behandelt werden.
5. Kennenlernen II (Vorstellung der Ergebnisse des Partnerinterviews)	Beim Vorstellen der Ergebnisse lernen die Teilnehmer im Plenum zu sprechen, ohne bereits etwas über sich erzählen zu müssen.	

1) *Erinnern Sie sich an die Vorbemerkungen zum Fallbeispiel - dort wurde dieses Verfahren beschrieben. Wir werden auf weitere Kennen-Lern-Spiele noch eingehen.*

Bestandteil der Einstiegsphase	Ziel und Inhalt	Begründung
6. Programmbesprechung	a) die Teilnehmer verstehen durch die ausführliche Erläuterung von Zielen/Inhalten und Methoden sowie Abfolge der einzelnen Programmschritte den Aufbau des Programms und können sich ihm gegenüber definieren.	Wir gehen davon aus, daß die Teilnehmer nun darauf warten, etwas über die Inhalte der Veranstaltung zu erfahren. Diejenigen Lerner, die eher stofforientiert sind, werden bereits ungeduldig sein.
	b) die besondere Erläuterung des didaktisch-methodischen Ansatzes, nämlich den Lernprozeß weitgehend selbstorganisiert zu ermöglichen, soll die Teilnehmer in die Lage versetzen, ihre Erfahrungen, Vorbehalte, Änderungsvorschläge usw. einzubringen.	Dieser Bestandteil des Einstiegs, der als gerichtetes Unterrichtsgespräch ablaufen soll, bildet die Grundlage dafür, die Arbeitsweise zu verabreden. Dabei ist es besonders wichtig, daß die Verabredungen weiterer Lernregeln von allen Teilnehmern getragen werden.
7. Lernorganisation	Im Anschluß an die Besprechung von Zielen, Inhalten und Methoden sowie der didaktisch-methodischen Konzeption lernen die Teilnehmer, auch die äußerliche Organisation des Lernprozesses in die Hand zu nehmen.	Das Thematisieren der Lernorganisation ist ein Teil der Umsetzung dessen, was unter 6. besprochen wurde. Die Lernorganisation beinhaltet auch das Vorbereiten des "Rahmenprogramms" (z.B. Unternehmungen außerhalb des Kurses). Je ungewohnter die Anlage und Organisation des Lernprozesses für die Teilnehmer ist, umso wichtiger ist, jedem Abschnitt eine Phase der Reflexion und Kritik anzuschließen.
8. Zwischenkritik	Die Teilnehmer lernen am Beispiel der ersten Kritikphase a) durch die Einschaltung von Zwischenkritiken sinnvoll die Abschlußbesprechung entritualisieren zu können; b) daß sie den "Kurs" des Lernprozesses ständig korrigieren können;	

Versuchen wir, uns die Bewegung des Schwerpunktes "S" während der Einstiegsphase vorzustellen:

1. Vorspann

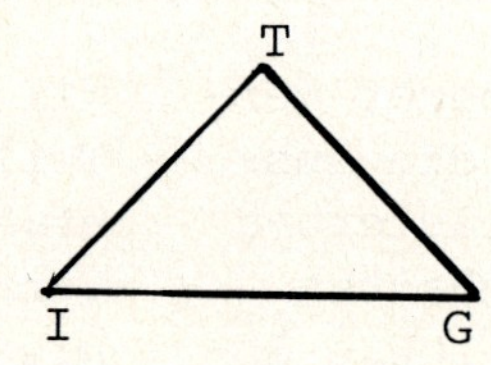

2. Begrüßung

(Die Begründung für die Wanderungen können Sie der Planungsskizze unter 1.1.1 entnehmen.)

3. Kennenlernen

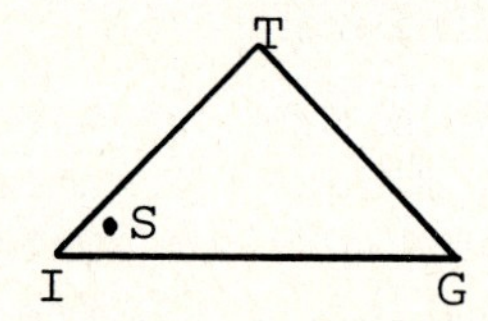

4. Lernregeln I

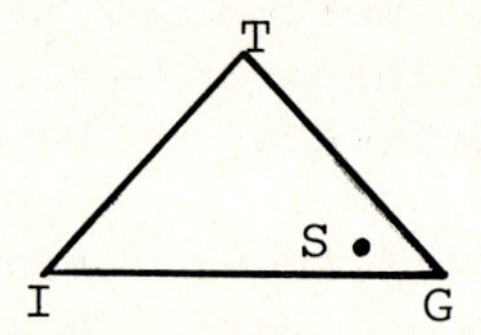

5. Kennenlernen II

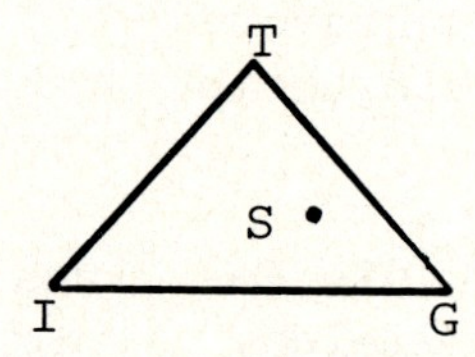

6. Programmbesprechung

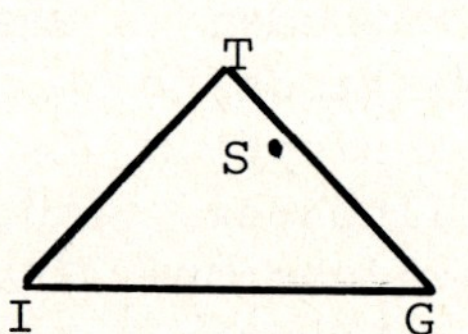

7. Lernorganisation

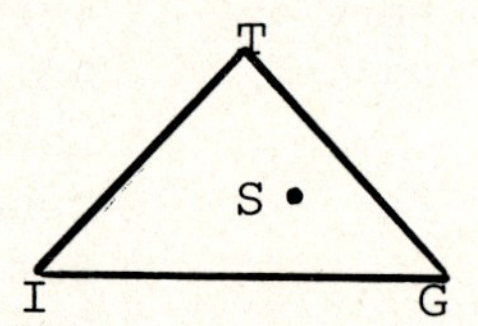

8. Zwischenkritik

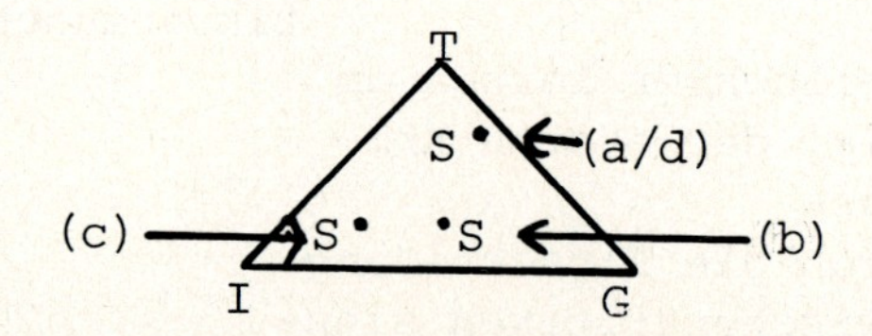

9. Lernregeln II

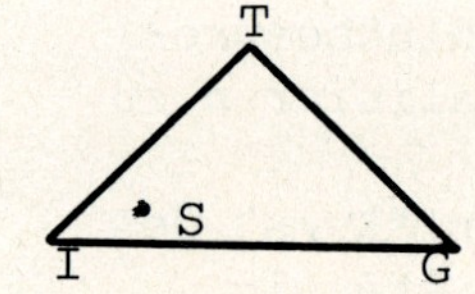

Soweit zur Planung der Einstiegsphase einer konkreten Veranstaltung.
Uns erscheint es naheliegend, daß Sie beim Lesen und Vorstellen auf einige Probleme gestoßen sind, die den Sinn dieser Planung für Sie in Frage stellen.
Z.B.:

- zeitlicher Umfang der hier vorgestellten Einstiegsphase,
- Bereitschaft der Teilnehmer,
- unvorhergesehene Hemmnisse in der Lernsituation
- übertriebene Anforderungen an einen Kursleiter

1.1.2 Durchführung des Einstiegs

Wir wollen auf einige Problem kurz eingehen.

Zum 1. Problem: der zeitliche Umfang der Einstiegsplanung

a) Wir haben Ihnen hier die Planung für eine Mitarbeiterfortbildungsveranstaltung an einem Wochenende vorgestellt, zu deren Thema der Einstieg selber gehört. Es versteht sich von selbst, daß für diese Veranstaltung unter gegebenen Bedingungen das zeitliche Argument nicht so gravierend ist.
Von daher hat zum einen die vorgestellte Planung für Sie zunächst eher beispielhaften Charakter, und Sie müssen bei der Übertragung dieser Planung auf Ihre Praxis jeweils die dort gültigen (auch zeitlichen) Bedingungen berücksichtigen.
Zum anderen ist die vorgestellte Planung der Einstiegsphase aber abhängig von der getroffenen ZIMT-Entscheidung - d.h., die Ziele die gesetzt werden, beinhalten die entwickelten Schritte des Einstiegs. Folglich müßten Sie, kommen Sie zu einem anderen Ablauf, Ihre Ziele entsprechend umformulieren.

b) Jedoch bleibt zu bemerken, daß andere zeitliche Bedingungen - z.B. die Abendkurssituation - für sich genommen noch kein Hinderungsgrund für einen ausführlichen Einstieg darstellen:

- Einerseits - und hier verweisen wir auch auf die Schilderung von Erika im Fallbeispiel - bleibt die Hypothese zunächst unwiderlegt, daß ein ausführlicher Einstieg auch deswegen angemessen und begründbar ist, weil sich diese "Investition langfristig lohnt" - die investierte Zeit zahlt sich durch wirkungsvolleres Lernen im weiteren Verlauf aus.
- Andererseits läßt sich die Planung auch so umstellen, daß sie eher unter

Abendkursbedingungen zu verwirklichen ist. Z.B. durch einen Einstieg "in Raten", der durch stärker inhaltliche und thematische Teile unterbrochen ist und so eher mit den Teilnehmererwartungen abgestimmt werden kann (z. B. 1. Abend: Begrüßung, Programmbesprechung, Kennenlernen I ...; 2. Abend: Kennenlernen II, Lernregeln, Lernorganisation ...)

Zum 2. Problem: die Teilnehmererwartungen

Zu diesem Einwand wurde bereits ausgeführt, daß die Teilnehmererwartungen ein Grund dafür sind, Vorentscheidungen des Kursleiters didaktisch-methodisch zu vermitteln. D.h.: wenn sich für Sie herausstellt, daß ein zeitlich und methodisch aufwendiger Einstieg Ihren Zielen angemessen ist, wird die geplante Einstiegsphase ein Lerngegenstand für die Veranstaltung - bedarf also der Vermittlung gegenüber der u.U. kontrastierenden Teilnehmererwartungen bzw. -voraussetzungen.
Wir glauben im übrigen, daß das Argument, "die Teilnehmer wollen das nicht" häufig eine Schutzbehauptung ist. Was würde geschehen, folgten wir diskussionslos den geäußerten Teilnehmererwartungen: fast jeder Psychologiekurs würde in Therapie ausarten; jeder Backkurs in eine Keksfabrik; Kurse politischer Bildung in Parteiversammlungen.
Außerdem wagen wir folgende Hypothese:
Ausreichend begründete und gerechtfertigte didaktisch-methodische Entscheidungen sind es wert, daß sich Teilnehmer damit auseinandersetzen. Sie sind ein wichtiger Bestandteil von sozialen Lernprozessen.

Wir wollen nun einmal die Bestandteile der von uns vorgestellten Einstiegsphase nach ihrer Nähe zu "Ich", "Thema", "Gruppe" ordnen.

Am meisten mit "Thema" zu tun hat: "Programmbesprechung", Teile von "Kennenlernen II", "Lernorganisation" und "Zwischenkritik a) und b)", soweit dabei Erwartung im Hinblick auf das Thema zur Sprache kommt.

"Kennenlernen I, "Lernregel II", "Zwischenkritik c)"

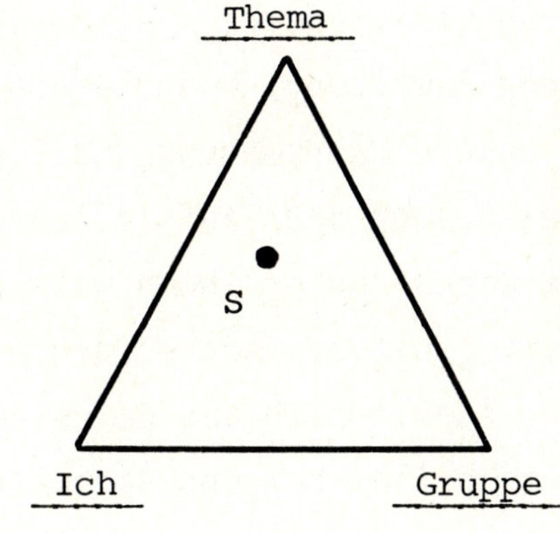

"Vorspann" (Raumeinrichtung) "Kennenlernen II" "Zwischenkritik b)"

Lernregel I
Lernorganisation

Wenn Sie nun in der Lernsituation Anzeichen dafür bemerken, daß sich der Schwerpunkt sehr stark von seiner Ideallinie entfernt [1], verfügen Sie über eine Entscheidungshilfe dafür, welche Bestandteile der Einstiegssituation Sie in Absprache mit den Teilnehmern stärker betonen, zeitlich vorziehen oder weglassen sollten.
So. z.B., wenn Sie das Gefühl haben, die Themenorientierung überwiegt bei den Teilnehmern, können für die Plenumsberichte beim Partnerinterview zeitliche Begrenzungen eingeführt werden, so daß sich dieser Bestandteil entsprechend verkürzt und mehr Zeit für thematisches Arbeiten bleibt.

---

1) Welche Anzeichen deuten nun auf eine "Kursabweichung" des Schwerpunktes? Wir müssen uns dabei vor allem auf Ihre Wahrnehmungsfähigkeit sowie Empfindsamkeit verlassen, mit der Sie "Unruhe", "Minenspiel" und offene bzw. verdeckte Sprachäußerungen registrieren. Denn in der Anfangsphase des Einstiegs ist es manchmal schwierig, die Teilnehmer um Kritik bzw. Rückmeldung zu bitten.

Neben dem Verfahren zum Kennenlernen, welches wir Ihnen in der Falldarstellung und in der Planungsskizze näher erläutert haben, finden Sie im Anhang bei den Arbeitshilfen weitere Vorschläge.

1.1.3 Die Ängste des Kursleiters beim Einstieg

Wenn wir am Ende des vorherigen Abschnitts an Ihre Wahrnehmungsfähigkeit und Empfindsamkeit für das Registrieren von Störungen im Kommunikationsprozeß appelliert haben, dann ist uns nicht recht wohl dabei. Denn wir wissen aus eigener Kurspraxis zu gut, daß die Gefühle in der Einstiegssituation wohl vergleichbar sind mit dem Gefühl der Angst in anderen entscheidenden Situationen - z.B. dem Vorstellen anläßlich einer Bewerbung. Und diese Ängste, Unsicherheiten usw. sind es, die z.B. auch unsere Wahrnehmung und Empfindsamkeit beeinträchtigen - ob auf seiten der Teilnehmer oder auf seiten der Kursleiter.
Allerdings werden "die alten Hasen" unter Ihnen wissen, wieviel es ausmacht, wenn erst einmal einige Einstiegssituationen erfolgreich durchgestanden sind; dann gehen die Ängste zurück, stellt sich das Gefühl ein, über ein breiteres Repertoire zu verfügen, das mich flexibel und sicher reagieren läßt; damit wird auch die Bereitschaft wachsen, neue Formen auszuprobieren.
Ein Stück Sicherheit bietet, neben der zunehmenden Routine, eine sorgfältige Vorbereitung. Darunter verstehen wir nun nicht einen minutiös ausgefeilten Planungsentwurf, der dazu verführen kann,zu sehr am Konzept zu kleben, - wichtiger scheint uns:

- eine verzweigte Planung vorzunehmen - d.h. einen Planungsentwurf zu erstellen, der mehrere Gestaltungsmöglichkeiten bereits in die Planungsüberlegungen mit aufnimmt und
- eine überschüssige Vorbereitung zu treffen, so daß mehr Methoden und Materialien vorhanden sind, als Sie wahrscheinlich benötigen werden;
- daß Sie bereits bei der Planung Schaltstellen im Entwurf vorsehen, an denen die Teilnehmeraktivität bei der Gestaltung des Einstiegs gefordert ist, wenn Sie verschiedene Möglichkeiten zur Disposition stellen.

Im übrigen ist der Kursleiter als Partner im Lernprozeß ein Mensch mit Ängsten, Unsicherheiten, dem auch Fehler unterlaufen können; je offener Sie auch Ihre Unvollkommenheit eingestehen, um so offener werden auch die Teilnehmer ihre Schwächen einbringen, und es wird vermieden, daß jeder eine glatte Fassade zur Schau trägt.

2. Handlungsebenen in der Lernsituation

Die Ausführlichkeit, mit der die Einstiegsphase hier behandelt wurde, ist bislang damit begründet worden, daß Ihr die Funktion einer Weichenstellung, einer Drehscheibe zukomme. Warum ist das so? Wodurch kann das begründet werden?

Dieser Frage wollen wir in diesem Abschnitt nachgehen.

Wir wollen uns dazu einer Grundaussage der Kommunikationstheorie bedienen, deren Bedeutung wir zunächst an alltäglichen Situationen verdeutlichen wollen.

Versuchen Sie bitte, sich an Situationen zu erinnern, in denen Sie begrüßt worden sind:

- z.B. wenn unbekannter Besuch kommt: "Guten Tag - mein Name ist ..."
- z.B. in Kurssituationen, wenn der Kursleiter sagt: "Guten Tag - mein Name ist ..."

Ihnen wird sicher in der Erinnerung deutlich werden, daß, obwohl die Worte immer die gleichen waren, die Mitteilung sehr unterschiedlich bei Ihnen angekommen ist: mal freundlich, Wärme ausstrahlend - mal kühl, unnahbar, um zwei Extreme zu nennen. Die Unterschiedlichkeit ist vor allem durch zwei Faktoren bedingt: zum einen, in welcher Verfassung Sie sich gerade befinden - zum anderen, welche Mitteilungen nicht-sprachlicher Art Sie vom Sprecher empfangen haben: also was Ihnen Stimmlage, Betonung, Gestik, Mimik, Länge des Beitrags usw., signalisiert haben.

Während wir den Bestandteil der Mitteilung, der aus der Bedeutung der Worte besteht, <u>Inhaltsaspekt</u> nennen wollen, bezeichnen wir den nicht-sprachlichen Teil als <u>Beziehungsaspekt</u>.

Wir wollen das noch an einem weiteren Beispiel verdeutlichen, das wir einem Buch entnommen haben, an dem sich diese Lerneinheit orientiert (WARTZLAWICK, BEAUIN, JACKSON; ^{2}1971, S. 54): "Wenn Frau A auf B's Halskette deutet und fragt 'Sind das echte Perlen?', dann heißt der Inhaltsaspekt hier: Echtheit der Perlen; der Beziehungsaspekt kann sehr verschieden sein, je nach Tonfall, Miene, Gestik etc.": Bewunderung, Neid, Neugier? Aufhänger für ein Gespräch usw. Der Beziehungsaspekt vermittelt uns also eine Hilfe dafür, <u>wie</u> die Mitteilung verstanden werden will. (Versuchen Sie doch einmal, die möglichen Beziehungsaspekte in einem Rollenspiel herauszufinden.)

2.1 Der Mitteilungsaustausch

Die Beziehungsaspekte von Mitteilungen sowie die Reaktionen, die durch sie hervorgerufen werden, kommen nun in den meisten Veranstaltungen der Weiterbildung zu kurz. Erinnern Sie sich an die beiden Schilderungen im Fallbeispiel; diese beschrieben ja sehr deutlich, wie unterschiedlich mit dem Beziehungsaspekt bzw. den Reaktionen auf ihn in den Kursen umgegangen wurde.

Unproblematisch wird Ihnen die Situation sein, in der die Mitteilung so beim Empfänger angekommen ist, wie der "Sender" ihn verstanden haben wollte. Häufig ist jedoch das Gegenteil der Fall:

- Inhalts- und Beziehungsaspekt sind unklar im Verhältnis zueinander - z.B. die Bemerkung eines Kursleiters: "Ihre Antwort war sehr gut", wobei der Kursleiter zweideutig lächelt,
- der Inhalts- und Beziehungsaspekt klaffen auseinander: die Teilnehmer antworten auf die Frage des Kursleiters, ob alles verstanden sei, mit "Ja" - signalisieren aber mit Mimik und Tonfall: "alles unklar".

Solche Unklarheiten , Widersprüche usw. bezeichnen wir als Mißverständnisse.

Allerdings haben wir bislang nur die Seite des Senders betrachtet. Aber es spielt natürlich auch die Empfängerseite eine wichtige Rolle. Auf welche Wahrnehmungsstrukturen, Interpretationsmuster und Stimmungslagen treffen die Mitteilungen? Wie werden die Inhalts- und Beziehungsaspekte der Mitteilung empfangen? Weitgehend so, wie sie der Absicht des Senders entsprechen? Oder verzerrt, falsch gedeutet? Oder kommen manche Aspekte der Mitteilungen gar nicht an? Erinnern Sie sich doch einmal an solche Situationen, in denen ihre Mitteilungen bei einigen Teilnehmern ganz anders angekommen sind als bei der Mehrzahl und als von Ihnen beabsichtigt? Fallen Ihnen jetzt Gründe dazu ein?
Erinnern Sie sich bitte an das Fallbeispiel: dort an einer Stelle veranschaulicht, wie inoffizielle Beziehungsaspekte von Mitteilungen zu offiziellen, d.h. zum Thema gemacht werden können. Vielleicht vergegenwärtigen Sie sich noch einmal die Situation, in der Frau Ramée dem "Redekünstler" durch ihre Rückmeldung Gelegenheit gab, den Beziehungsaspekt seiner Mitteilungen "zu veröffentlichen": sein Mitteilungsbedürfnis.
(Wir werden im 2. und 3. Teil darauf noch näher eingehen.)

Wir haben bislang gezeigt, daß eine Mitteilung immer zwei Bestandteile hat: den Inhalts- und Beziehungsaspekt. Weiterhin können wir sagen, daß die Behandlung des Beziehungsaspekts selber wiederum unter zwei Gesichtspunkten zu betrachten ist: nämlich danach, ob der Beziehungsaspekt der Mitteilung offiziell oder inoffiziell ist, d.h., ob er "zum Thema" gemacht wird oder ob er verborgen "heimlich" bleibt (im Fallbeispiel: das Mitteilungsbedürfnis des "Redekünstlers").[1)]

Es liegt nun die Frage nahe: läßt sich auch der Inhaltsaspekt einer Mitteilung auf zwei Ebenen betrachten?
Sehen wir zur Beantwortung dieser Frage auf die Falldarstellung zurück. Dort hatte Frau Ramee die Bearbeitung der Frage, ob durch Lohnerhöhungen Arbeitsplätze gefährdet würden, zunächst in Kleingruppen vornehmen lassen. Erika berichtete, daß dadurch das Thema in seiner Bedeutung zunächst für jeden einzelnen "auslotbar" gewesen sei.
Sie werden vielleicht mit uns die Meinung teilen, daß die Vorgehensweise von Frau Ramee die Möglichkeit bietet, daß ihre Teilnehmer durch die erarbeitende Arbeitsweise in Kleingruppen andere Bezüge zum Thema, zu den Inhalten, entwickeln können als etwa durch die Vortragsform eines Referates im Plenum. Dies liegt unter anderem daran, daß dadurch auch solche Inhalte diskutiert werden können, die der erwachsene Lerner z.B. spontan assoziiert, die ihm,verbunden mit seinen Erfahrungen, einfallen, die er, bestimmt durch sein Interesse, äußern möchte. Wenn Sie demgegenüber die Vorgehensweise von Herrn Mak stellen, dann werden Sie zu dem Schluß kommen, daß in seinem Kurs wahrscheinlich die spontan assoziierten, die mit den Erfahrungen verbundenen sowie durch Interessen bestimmten Inhalte nicht zum Tragen kommen. Zwar sind sie in den Köpfen der Teilnehmer vorhanden, werden aber nicht zu offiziellen Inhalten, sondern bleiben inoffiziell.

---

1) Vielleicht kennen Sie den Begriff des "heimlichen Lehrplans" aus der Diskussion um das Thema "Schule". Wir benutzen ihn in der Einleitung bei der Begründung des Themas (4.), um solche Ziele und Inhalte zu kennzeichnen, die zwar gelernt werden, jedoch nicht geplant sind und auch meist nicht thematisiert werden (z.B. Ordnung, Konkurrenzverhalten, Fleiß, Angst usw.). Der Begriff des heimlichen Lehrplans wird unseres Erachtens zu undifferenziert unter inhaltlichen Gesichtspunkten diskutiert. Er gewinnt an Aussagekraft, wenn wir ihn unter kommunikationstheoretischen Gesichtspunkten betrachten.

Wir können also die Veranschaulichung von oben ergänzen und sagen:

Jede Mitteilung hat zwei Aspekte (Inhalt und Beziehung), die jeweils auf zwei Ebenen des Lernprozesses liegen: jeweils auf der offiziellen bzw. inoffiziellen Ebene:

Mitteilungsaspekte / Ebene des Lernprozesses	Inhaltsaspekte	Beziehungsaspekte
offizielle Ebene (veröffentlichte Inhalts- und Beziehungsaspekte)	A	B
inoffizielle Ebene (verborgene Inhalts- und Beziehungsaspekte)	D	C

Wir haben bislang ja lediglich die Aussage der Kommunikationstheorie zum Ausgangspunkt genommen, daß jede Mitteilung einen Inhalts- und einen Beziehungsaspekt hat (welcher der Aspekte unter welchen Bedingungen in Mitteilungen dominant ist, wird im 2. und 3. Kapitel behandelt). Wir können hier aber bereits folgendes sagen:
In dem Moment, in dem der Kurs nicht nur über die Inhalte diskutiert, sondern auch den Beziehungsaspekt zum Thema macht, variiert auch das Verhältnis von A zu B bzw. D zu C. Sie können sich also für die Aufgabe oben auch noch überlegen, wie sich A zu B bzw. D zu C verhalten.
Fragen Sie sich bitte außerdem, welchen Einfluß die Gestaltung des Einstiegs auf das Verhältnis von A zu B zu C zu D hat!

---

1) *Wir möchten Sie hier auf den Zusammenhang von Zielen, Inhalten und Methoden verweisen, der in der Lerneinheit 1 "Lernziele", unter Kapitel 4 sowie in der Lerneinheit 4 "Arbeitsweisen und Medien", im 1. Kapitel (ZIMT-Formel) behandelt wird.*

Soweit der Versuch, das Geschehen in einer Lernsituation mithilfe einer zentralen Aussage der Kommunikationstheorie zu beschreiben.
Die bisherigen und auch die nachfolgenden Ausführungen sollen nicht so verstanden werden, als träten wir dafür ein, die Felder C und D möglichst zum Verschwinden zu bringen. Wie unmöglich das ist, kann Ihnen deutlich werden, wenn Sie sich fragen: "Weiß ich sämtliche Inhaltsaspekte darüber, was mein Lebensgefährte oder bester Freund z.B. über das Thema § 218 denkt?" In diesem Fall würden Sie es wahrscheinlich fürchterlich uninteressant finden, mit ihm zu diskutieren.
Die hier herausgearbeiteten Gesichtspunkte, unter denen Sie das Lerngeschehen betrachten können, bilden die Grundlage für die folgenden Kapitel:
In Kapitel 2 "Lernen und Mitteilungsaustausch" wollen wir der Frage nachgehen, welche Bedeutung die inoffiziellen gegenüber den offiziellen Inhaltsaspekten für das Lernen haben. Im dritten Kapitel geht es dagegen stärker um die inoffiziellen gegenüber den offiziellen Beziehungsaspekten.

3. Mitteilungsaustausch

3.1 Lernen als Kommunikationsprozeß

Warum ist es wichtig, den Lernprozeß als wechselseitigen Kommunikationsprozeß zu begreifen?
Wir sprechen zwar von "Lernen" auch bereits dann, wenn ein Individuum infolge eher passiv gemachter Erfahrungen sein Verhalten in einer bestimmten Situation mehr als nur vorübergehend ändert - bei der Mehrzahl unserer Lernziele, unseren Erwartungen, der Lerngegenstände usw. ist es jedoch so, daß die Teilnehmer erst dann lernen, wenn sie eigene Aktivität entwickeln.
Nun mag es einen Kursleiter befriedigen, wenn er seinen "Stoff" vermittelt hat - von erfolgreichem Lernen sollten wir jedoch erst dann sprechen, wenn wir auch Gewißheit darüber haben, daß der Stoff angekommen ist. Und die erlangen wir, wenn wir ständig Rückmeldung von den Teilnehmern erhalten, was wie bei ihnen angekommen ist.
Dies ist eine Begründung für die oben angeführte Frage.
Eine andere entsteht, wenn wir Lernen im Licht der Kommunikationstheorie begreifen. Denn eine ihrer zentralen Aussagen lautet:
Wir können nicht nicht-kommunizieren.
Das heißt: selbst wenn Sie vor den Teilnehmern einen Vortrag halten und die Teilnehmer nichts weiter tun, als zuzuhören, findet Kommunikation statt. Die Teilnehmer teilen Ihnen etwas mit. Und Sie reagieren auf die schweigenden Mitteilungen, die Ihnen vielleicht signalisieren: "Ich traue mich nicht!" oder "Ich langweile mich!" oder "Mich interessiert das!" usw.

Wir wollen unter Einbeziehung dieser beiden Begründungen am Beispiel des Schweigens erläutern, was für den Prozeß des Mitteilungsaustausches bedeutsam ist. Folgende Fragen stehen dabei im Mittelpunkt:

Wie entsteht im Prozeß des Mitteilungsaustausches das "Schweigen"? Welche Arten des Schweigens gibt es? Wie finde ich die Ursachen heraus und wie gehe ich damit im Kurs um?

3.1.1 Die Ausgangslage: Schweigen als Mitteilung

Sie erinnern sich an den Kurs von Herrn Mak. Wir wollen eine Störung in seinem Kurs herausgreifen:

"Nach dem Ablauf von drei Abenden ist der Kursleiter, Herr Mak, im Großen und und Ganzen sehr zufrieden mit der Veranstaltung. Nur eines macht ihm Sorgen: zwei der Teilnehmer haben bislang weder während der Gruppenarbeitsphasen noch während des Plenums einen Beitrag zur Diskussion geleistet und das, obwohl die beiden Teilnehmer, ein älterer Mann, kaufmännischer Angestellter Peter K., und Klaus P., ein Maschinenschlosser, sich an dem abendlichen Kneipengespräch lebhaft beteiligten. Nach einiger Überlegung kommt Herr Mak zu dem Entschluß, am nächsten Veranstaltungsabend doch mal ein Rollenspiel mit vorher verteilten Rollen spielen zu lassen, das auch die beiden Schweiger mit einschließt. Vor eine solche Situation gestellt, würden die beiden schon reden müssen ..."

Wir möchten Ihnen dazu folgende Fragen stellen:

1. *Wie könnten Sie sich das Schweigen der beiden Teilnehmer erklären?*

2. *Was kann mit den beiden Schweigern in der Rollenspielsituation geschehen?*

3.1.2 Ursachen und Formen des Schweigens

In einem ersten Versuch wollen wir das Schweigen der beiden Teilnehmer im Kurs von Herrn Mak zum Ausgangspunkt nehmen, den Mitteilungscharakter des Schweigens im Kommunikationsprozeß zu untersuchen.

Wir wollen uns, um die Ursachen und Formen des Schweigens herauszufinden, der Veranschaulichung von Störungen im Mitteilungsaustausch bedienen, die Sie bereits kennengelernt haben.

Zunächst zu den Bedingungen, die in den Kommunikationspartnern zu suchen sind:

Wir wollen beispielhalft einige ausführen:

- Biographie: Bei der Suche nach den Ursachen des Schweigens mehr im Lebensgeschichtlichen sind hier vor allem zwei Bereiche von Bedeutung:

  a) die je personenspezifische Entwicklung des Kommunikationsverhaltens in Familie, Schule, Beruf usw.

  Peter K., einer der Schweiger aus dem Kurs von Herrn Mak, könnte z.B. deswegen sich noch nicht geäußert haben, weil er weder in seiner Kindheit, noch in der Schule, noch in der Ausbildung Gelegenheit hatte, dies zu lernen. "Er war immer schon sehr still ..." könnte seine Mutter ihn charakterisieren.

Das Schweigen von Herrn K. könnte sich als aufmerksames Schweigen zeigen.
Auf diese Ursache des Schweigens werden Sie wahrscheinlich erst stoßen, wenn es Ihnen gelingt, entweder im privaten Gespräch oder aber in der Veranstaltung selber eine solche Atmosphäre zu schaffen und eine entsprechende Gesprächsgestaltung und -technik zu beherrschen, daß der Gesprächspartner sich "frei-sprechen" kann.

b) die Auswirkungen der Arbeits- und Lebenssituation auf das Gesprächsverhalten.

Bei dem 2. Schweiger in Herrn Maks Kurs, dem Maschinenschlosser Klaus P., könnten z.B. die jahrelange Monotonie der Arbeitstätigkeit und -bedingungen am Fließband und die daraus resultierende körperliche Belastung prägend dafür sein, daß er wenig Bedürfnis nach Kommunikation verspürt - außer vielleicht anläßlich geselligen Beisammenseins; dies könnte sein Verhalten beim abendlichen Kneipengespräch erklären.

Und zusammenhängend mit der Biographie, die

- Lernerfahrungen: Hiermit sind diejenigen Einflüsse auf das Kommunikationsverhalten gemeint, die durch die Besonderheit der erlebten Lernsituation gegeben sind. Dazu zählt vor allem die Schul- und Ausbildungserfahrung, die zumindest für viele ältere Teilnehmer häufig negativ geschildet wird:
Leistungsdruck, Disziplin, Ein-Weg-Kommunikation, verordnete Interessen usw. Diese Lernerfahrungen aktualisieren sich, vor allem für weiterbildungsungewohnte Teilnehmer, mit jeder Lernsituation und können so zu einem "Rückfall" in Schülerverhalten führen: das Warten auf direkte Ansprache; die Angst, etwas Falsches zu sagen; die Hemmungen, über sich zu reden usw.

Das Schweigen aus solchen Gründen zeigt sich eher als Ängstlichkeit und Passivität.
Dieser Sachverhalt betont die Wichtigkeit, bereits in der Einstiegssituation Lernregeln zu diskutieren, beim Kennenlernen die Erwartungen zu erheben sowie bei der Programmvorstellung auch den Lernbegriff zu erörtern.

Mit der Lernerfahrung eng verknüpft ist, als mehr aktuelle Beeinflussung des Kommunikationsverhaltens, die

- Wahrnehmung der Lernsituation: Wir wollen die Ausprägung dieser Einflußgröße hier unter zwei Gesichtspunkten erörtern: der Wahrnehmung von Inhalts- und Beziehungsaspekten.

Bei Peter K., dem kaufmännischen Angestellten, könnte durch die Art und Weise, wie sich der Kursleiter oder einige Teilnehmer rhetorische Gefechte liefern, Betroffenheit erzeugt werden, weil dadurch Erinnerungen an berufliche Weiterbildungsveranstaltungen geweckt werden, bei denen Herr K. Mißerfolgserlebnisse hatte. Er denkt vielleicht: "Ich möchte mich nicht noch einmal blamieren. Ich sag' lieber gar nicht erst 'was ..." Diese Gedanken führen dann dazu, daß Herr K. schweigt; also sich weder inhaltlich am Lerngeschehen beteiligt noch über eine Metakommunikation die Beziehungsebene zum Thema macht. Diese Art des Schweigens wird sich eher als ängstliches, gehemmtes Verhalten zeigen. Die Sprachebene in dem Kurs ist, unabhängig von den Inhalten, für Herrn K. unangemessen. Erinnern Sie sich daran, wie Frau Ramee mit dem "Schönredner" umgegangen ist.

Klaus P. z.B. kann mit den von Herrn Mak vorwiegend wissenschaftssystematisch abgeleiteten und gegliederten Lernzielen nichts anfangen (vgl. die Lerneinheiten "Lernziele" und "Kursvorbereitung"); diese liegen jenseits seiner Erfahrungen, die er mit dem Thema durch seine Tätigkeit als aktiver Gewerkschaftler gesammelt hat. Zwar hat Herr Mak in der Anfangsphase das Thema erläutert und dabei auch Herrn P. einige Anknüpfungspunkte geboten - dabei ist es jedoch auch geblieben, und dieser Erfahrungsbezug kommt Herrn P. als Einstiegstrick vor.

Dieser Anlaß für die Wahrnehmung der Lernsituation wird wahrscheinlich eher zu einem Schweigen führen, das den Charakter von Protest, von Widerstand trägt.

Wie diese Art des Schweigens vermieden werden kann, verdeutlicht die Schilderung des Kursverlaufs von Frau Ramee. (Über die didaktisch-methodischen Konsequenzen, die ein erfahrungsbezogenes Lernkonzept nahelegen,können Sie in den Lerneinheiten "Ansätze erfahrungsbezogener Bildungsarbeit" und "Lernverhalten und Lebensgeschichte" genauer nachlesen.)

Wir wollen aus Platzgründen hier die Erörterung der inneren Bedingungen nicht weiterführen. Wir glauben, Ihnen am Beispiel der genannten Faktoren einige Anhaltspunkte dafür gegeben zu haben, auf welche Formen des Schweigens Sie als <u>eine</u> Störung von Kommunikationsprozessen treffen können sowie welche Ursachen die Mitteilung "Nicht-reden" haben kann.

Das und wie die äußeren Bedingungen auf die Kommunikationspartner wirken können, so daß Schweigen entsteht, haben Sie vielleicht schon bei der Beantwortung der zweiten Frage zum Schweigerproblem im Kurs von Herrn Mak (Rollenspiel ...) bearbeitet.

1. *Können Sie sich weitere, das Schweigen begünstigende äußere Faktoren überlegen?*
(Denken Sie dabei auch an Einflußgrößen wie: Sitzordnung, Zeiteinteilung - aber auch an methodisches Vorgehen.)

Die Ursachen für das Schweigen sind als isolierte Faktoren dargestellt. In der Praxis werden sie jedoch eher vermischt auftreten und auf Anhieb nicht so einfach zu bestimmen sein, wie sich das aus der vorangehenden Darstellung ablesen läßt. Wir haben außerdem bislang so getan, als wären die Gründe für das Schweigen objektiv gegeben, d.h. von anderen ebenso wahrnehmbar. Nun tritt jedoch für die Diagnose des Schweigens erschwerend hinzu, daß aufgrund verschiedener Anlässe die Abbildung der tatsächlichen Lernsituation und der daraus folgenden Aktualisierung von Lernerfahrungen durch Verzerrungen beeinflußt sein kann. Wir wollen, bevor wir die "Maßnahmen" gegenüber dem Schweigen ordnen und ausführlich beschreiben, auf die Gründe und Ausprägungen eingehen, die die tatsächliche Lernsituation an Beeinflussung erfährt.

3.1.3 Situationsdefinition

Für die Phase nach dem Einstieg, die wir hier unter dem Aspekt von Störungen im Prozeß des Mitteilungsaustausches betrachten wollen, ist die Lernsituation für die Teilnehmer lediglich vorgeklärt.
Jeder Teilnehmer hat mehr oder weniger vorläufig die Beziehung für sich definiert. Und dies nun so stärker, je weniger in der Anfangsphase eines Kurses alles thematisiert worden ist, was jeder Teilnehmer an Erwartungen, Motiven, Voraussetzungen usw. mit in die Situation einbringt und was erst in der Einstiegssituation durch das Zusammentreffen verschiedener Indidivuen an Beziehungsdefinitionen entsteht.

Nun steht ja, wie im vorangehenden Kapitel gezeigt wurde, besonders die Anfangssituation in einem Spannungsverhältnis: einerseits Fremdheit und daraus resultierende Hemmungen, sich zu äußern - andererseits die Notwendigkeit, die Deutung der Situation zu Anfang des Kurses wegen des Weichenstellungscharakters für die Veranstaltung transparent und kommunizierbar zu machen.

Wie löst sich dieses Spannungsverhältnis auf? Im Zuge der Situationsdefinition, unter der wir hier den Vorgang verstehen, wollen die Teilnehmer am Kommunikationsprozeß, auch Interaktionspartner genannt, die Normen und Werte bestimmen, die für sie in der Situation aktuell sind.[1)]

In diesem Vorgang der Situationsdefinition versuchen die Interaktionspartner außerdem wechselseitig zu erkennen, welche Rolle der Partner übernommen hat; denn indem wir dem anderen eine bestimmte Rolle zuschreiben, unterstellen wir ihm bestimmte Absichten und Motive, in deren Licht uns sein Handeln als einheitlich nach einem Plan organisiert erscheint. Durch diese Einschätzung der Personen strukturiert sich für den einzelnen das soziale Feld, hier die Veranstaltung, und die Fremdheit, die Ängste und Hemmungen erzeugt, wird vermindert.

Sie können diesen Prozeß der Situationsdefinition sehr gut an sich selber beobachten: denken Sie an eine Veranstaltung, bei der Sie Teilnehmer waren und erinnern Sie sich an die Gedanken in der Anfangsphase: "Die sollen hier nicht so lange 'rumquatschen" ... oder "Der sieht aus wie mein Lehrer" ... oder "Den möchte ich wohl näher kennenlernen" ... oder "Der hat aber 'ne Quakstimme" ... usw.

In diesem Zusammenhang kommt auch der Zuschreibung von Merkmalen eine besondere Bedeutung zu: Person A schreibt B alle diejenigen Motive, Ziele, Eigenarten zu, die das Bild von A über B ausmachen, und A verhält sich gegenüber B, als ob B diese Eigenschaften auch tatsächlich besäße. Wir möchten dies an einem Beispiel verdeutlichen. Auch Sie als Kursleiter werden natürlich von dem Zuschreibungsmechanismus betroffen: denn die Teilnehmer kommen schon mit einem bestimmten "Leiterbild" in die Veranstaltung. Alle Ihre Verhaltensweisen werden vor dem Hintergrund dieses Bildes gesehen, welches häufig durch Erfahrungen der Teilnehmer mit Lehrern bestimmt ist. Folglich werden Ihnen Eigenschaften zugeschrieben, die dem Bild entsprechen, das die Teilnehmer von Lehrern mitbringen und das durch Ihre Leitungstätigkeit bestätigt wird.

---

1) Wir verwenden die Begriffe "Kommunikation" und "Interaktion" in dieser Lerneinheit als Synonyme, also gleichbedeutend. In der Fachliteratur geschieht dies zum Teil auch (vgl. z.B. PIONTKOWSKI 1976, S. 110), weil bei der Betrachtung von Lernprozessen die Beteiligten durch Mitteilungsaustausch (Kommunikation) untereinander bzw. miteinander (=inter) handeln (= agieren).

Deutlich wird diese Merkmalszuschreibung z.B. an einer "Beziehungsfalle", in die Sie von Teilnehmern manchmal gebracht werden: z.B.:
Sie machen sich Notizen für eine Rückmeldephase um eine Störung zu beheben. Diese werden von Teilnehmern gegen Ihre Absicht entdeckt und zum Thema einer Gruppendiskussion gemacht. Am Ende dieser Diskussion ist die Störung behoben. Es meldet sich ein Teilnehmer und sagt: "Die Aufzeichnungen haben Sie doch bewußt liegen lassen. Das war von Ihnen doch geplant!" Ihnen ist mit dieser Aussage die Eigenschaft zugeschrieben, als Super-Pädagoge für alle Probleme immer die passenden Tricks auf Lager zu haben. Hinzu kommt, daß Sie es sehr schwer haben, aus dieser Situation herauszukommen; denn gleichviel, was Sie antworten - alle Antworten werden Ihnen als pädagogisches Verhalten ausgelegt (darum:"Beziehungsfalle").

Erst mit fortschreitender Interaktion und den damit verbundenen Erfahrungen mit den Interaktionspartnern kann das Bild genauer werden und weniger stark durch Verzerrungen beeinträchtigt sein.

Voraussetzung dafür ist jedoch, daß sich die Situationsdefinitionen nicht vollständig auf der inoffiziellen Ebene des Lernens abspielen, d.h. nicht auf der inoffiziellen Beziehungsebene bleiben, auf der jede Person in erster Linie für sich die Situationsdefinition vornimmt.
Die Situationsdefinitionen müssen also veröffentlicht werden in direkter und indirekter Form. In direkter Form z.B. über Rückmeldungen einzelner an sein Gegenüber. Oder die Situationsdefinitionen können in Form von Metakommunikation zum Thema gemacht werden.

Wir haben einige Bestandteile genannt, die im Prozeß des Mitteilungsaustausches von Bedeutung sind und die als mögliche Gründe für Störungen auftreten können. Außerdem haben wir "Rückmeldung" und "Metakommunikation" als (vor allem präventive) Handlungsmöglichkeiten geschildert.
Sie können nun zu Recht bemerken, daß das ja noch ziemlich abstrakt sei und außerdem fragen: Wie ist denn nun mit dem Schweigen im Kurs umzugehen?
Darauf wollen wir im folgenden Abschnitt eine Antwort versuchen.

3.2 Störungen als didaktisch-methodisches Problem

In den Ausführungen über die Ursachen und Formen des Schweigens haben wir einige "Maßnahmen" angedeutet, die Sie als Kursleiter ergreifen können. Diese lassen sich in zwei Gruppen zusammenfassen und gelten nicht nur für das Schweigen:

a) Maßnahmen, die im Hinblick auf das Entstehen von Störungen als Prävention, als Vermeidung zu betrachten sind.
Wir haben Ihnen vor allem im ersten Kapitel, den Ausführungen über den Einstieg, einige sehr konkrete Schritte aufgezeigt: U.A.
   - Durch ausführliches Kennenlernen z.B. durch die Vermittlung und Anlage des Partnerinterviews kommt jeder Teilnehmer schon in der Anfangsphase mit Inhalten zu Wort, die weder die Gefahr heraufbeschwören, daß z.B. negative Lernerfahrungen allzu sehr aktualisiert werden können noch wesentliche Informationen unterschlagen, die Aufschluß über Erwartungen, Erfahrungen, Interessen usw. gegen können und die sowohl den Prozeß der Situationsdefinition konstruktiv beeinflussen als auch die Dominanz der inoffiziellen Ebene verhindern.
   - Durch die Einführung von Lernregeln werden bereits in der Anfangsphase zu einer negativen Schulerfahrung kontrastierende Lernhaltungen gefördert und das Einschleifen von Störungsverhalten vermindert.

b) Maßnahmen, die als Behebung von Störungen zu betrachten sind: Metakommunikation und Rückmeldung; Lernregeln einführen; Gesprächssituationen und -atmosphäre schaffen.

Weil das Thema "Gespräche" im vierten Kapitel schwerpunktmäßig behandelt wird, wollen wir hier auf "Metakommunikation" und "Lernregeln" genauer eingehen.

3.2.1 "Transportschäden"[1] und Metakommunikation

Wir haben bislang häufiger das Wort "Metakommunikation" benutzt. Aber das gilt nicht nur für die Problemstellungen des Schweigens als adäquate Maßnahme.

---

1) Dieser Begriff geht auf SADER, [2]1979, S. 93 zurück und gibt anschaulich das wieder, was wir bislang mit "Verzerrung", "Mißverständnis" usw. bezeichnet haben. Sie werden den Effekt "Transportschaden" in einer besonderen Form von dem Kinderspiel "Stille Post" kennen.

Sicher fallen Ihnen sofort noch zig andere Konflikte ein: wie z.B.: Teilnehmer gehen in "Igelstellung","schließen die Rolläden", verlieren die Nerven, demonstrieren Macht, gehen aus dem Feld.

Diese Konflikte sind keine Pannen. Sie sind weder auf Ihr Versagen zurückzuführen, noch darauf, daß die Teilnehmer "ungeeignet" für Ihre Veranstaltung sind. Denken Sie auch an Ihre Beziehungserfahrung mit einem Partner. Herrschte dort immer "Friede"? Konflikte sind vielmehr notwendige und quasi zwangsläufig entstehende Situationen, wenn sich so verschiedene Individuen zum Lernen versammeln, wie es die meisten Kurse mit sich bringen,und wenn Sie nicht durch "militärische Disziplin" alle Teilnehmer "einen einen Kurs" festnageln wollen.

Werden Konflikte gemeistert,dann ist ein fächerübergreifendes Lernziel erreicht: Die Fähigkeiten erwerben, mit Konflikten rational umzugehen.

Was bedeutet nun "Metakommunikation"?
Ganz allgemein ist zunächst einschränkend zu bemerken, daß wir nicht für jede Situation, für jeden Kurs ganz konkret sagen können: Das oder das Problem liegt vor - also müssen Sie so oder so verfahren. Nur Sie können das jeweils entscheiden.

Konkreter gesehen können wir Ihnen aber mit der folgenden Ausführung zur Metakommunikation gewissermaßen "Ratschläge zweiter Ordnung" anbieten, die Sie und Ihre Teilnehmer in die Lage versetzen, Konflikte zu bearbeiten, nachdem Sie, wie am Beispiel des Schweigens demonstriert, Ursachen und Erscheinungsformen erkannt und für den Kurs bewertet haben.

3.2.1.1 Ebenen der Metakommunikation

Wir hatten bei der Unterscheidung von Inhalts- und Beziehungsaspekt bereits gesagt, daß der Beziehungsaspekt, die Art und Weise bestimmt, wie der Sender eine Mitteilung verstanden haben möchte. Wir führten außerdem aus, daß der Beziehungsaspekt in besonderem Maße Verzerrungen, Mißverständnissen, Transportschäden ausgesetzt ist, weil für viele von uns

a) die "Sprache" von Beziehungsaspekten (Gestik, Mimik, Körper"sprache", Stimme usw.) vieldeutig und manipulierbar ist sowie

b) die "Kanäle", auf denen wir diese empfangen, ungeübt sind. Es fehlt die

Feinabstimmung. Und wir können ergänzen, daß

c) dieser Mitteilungsaspekt vorwiegend vom Sender unbewußt mitgeteilt und vom Empfänger unbewußt empfangen wird.

Denken Sie einmal an hitzige Debatten: Wie häufig fallen Bemerkungen wie:"Das ist unlogisch!", "Du widersprichst dir selber!", "Da sagen die Fakten was ganz anderes!", "Der Dozent soll uns nun sagen, was richtig ist!" Usw.
Haben Sie dagegen in der gleichen Situation ebenso häufig Sätze vernommen, wie: "Du sagst etwas Trauriges mit einem Lächeln?", "Du sprichst das so leise, als ob du Angst davor hast?", "Komm' doch ein wenig näher - dann kann ich auch sehen, was dein Gesicht dazu sagt!"

Sie sehen: Über den Inhaltsaspekt wird häufiger geredet als über den Beziehungsaspekt; und noch weniger (findet) über beider, das Zusammenspiel von Inhaltsaspekt und Beziehungsaspekt, eine Verständigung statt.[1)]

3.2.1.2 Bestandteile der Metakommunikation

Wir unterscheiden Phasen einer Metakommunikation:

1. Ankündigung

Abfolge	Beispiele
a) Signal zum Abbruch laufender Kommunikation oder am Ende einer Stunde	"Ich möchte bitte hier einmal abbrechen" oder "Zum Schluß möchte ich folgendes ansprechen"
b) Begründung liefern für die wahrgenommene Störung	"Mir ist folgendes aufgefallen ..." "Ich habe mich bei folgendem Teil unwohl gefühlt ..."
c) Erklärung der Störung	"Karl und Uwe unterhalten sich schon seit einer Viertelstunde." "Ihr übergeht ständig die Wortmeldung von Erika ..."
d) Vergewisserung, daß die Erklärung angekommen ist.	"Habt ihr das auch wahrgenommen?"
e) Die Bitte vortragen, die Störung zum Thema zu machen.	"Ich möchte darüber gerne reden."

---

1) *Wir weichen an dieser Stelle von einer strengen Definition von Metakommunikation ab. Danach ist bereits der Beziehungsaspekt selber eine (unbewußte) Metakommunikation, weil es mir eine Mitteilung darüber vermittelt, wie eine Kommunikation verstanden werden soll bzw. kann. (vgl. SADER, 1979, S.99f.; BAEUIN u. JACKSON, 1976, S. 42)*

2. Thematisieren

a) Erklären von Metakommunikation; als Gegenstand dieses Abschnitts stehen Ihnen für die Vermittlung konkrete Hinweise zur Verfügung.
Berücksichtigen Sie bitte beim Erklären von Metakommunikation, daß
- über Gewohntes, nämlich Sprechen, zu reden besonders ungewohnt ist
- das Verstehen von Meta-Ebenen ein hohes Maß an Abstraktionsleistung erfordert.

b) Vorstellung möglicher Ziele, Inhalte und Methoden; als Angebot an die Teilnehmer am Kommunikationsprozeß.
- z.B. als Ziel/Inhaltsangebot. Auf welcher Ebene ist die Störung anzusiedeln? Was soll dabei für den Lernvorgang herauskommen? Was lernen wir durch die Metakommunikation?
- z.B. als Methodenangebot. Entwicklung der Fragestellung im Plenum, Bearbeitung anhand vorgegebener Fragen in Kleingruppen (bei mehr als 18 Teilnehmern zu empfehlen), Auswertung im Plenum. Oder: Verschiedene Methoden der Rückmeldung anbieten.

c) Einigung auf Ziel und Methode

3. Durchführung

4. Auswertung

3.2.1.3 Rückmeldung

Wesentliche Teile der Metakommunikation bestehen aus Mitteilungen des Senders darüber, wie er das Verhalten des Empfängers (oder der Empfänger) wahrgenommen, erlebt hat und/oder Mitteilungen darüber, welche Reaktionen das Verhalten des Empfängers auslöst. Diese Art der Mitteilung nennen wir Rückmeldung (engl.: feedback). Bevor wir einige Regeln der Rückmeldung skizzieren wollen, müssen jedoch Einschränkungen zu diesen Verfahren gemacht werden:

- Sowohl die Anzahl der am Lernprozeß Beteiligten als auch die Anzahl der Aspekte bzw. Ebenen von Mitteilungen stellen an die Rückmeldung-Gebenden bzw. -Nehmenden hohe Anforderungen: Welche Aspekte wählte ich warum aus? Welche Menge an Rückmeldung ist verarbeitbar? Wo liegt die Grenze der Betroffenheit durch Rückmeldung? Usw.
- Die Mitteilung in Rückmeldeform, selbst wenn sie nur eine einzelne Verhaltenssequenz des Gegenübers betrifft, beeinflußt immer auch die Gesamtper-

sönlichkeit. Dabei können sowohl die Voraussetzungen der Teilnehmer als auch die Atmosphäre in der Veranstaltung verstärkend wirken.

- Mitteilungen über Verhalten bzw. Verhaltensaspekte bestehen meist aus Eigenschaftsworten. Es kann nicht immer davon ausgegangen werden, daß bei Sender und Empfänger Übereinstimmung hinsichtlich der Bedeutung besteht; daraus können neue, gravierende Mißverständisse entstehen, obwohl durch Rückmeldung doch alte beseitigt werden sollten.
- Auch wenn vor der Rückmeldung Verabredungen über den Sachverhalt getroffen wurden, über den metakommuniziert werden soll, so kann sich in der Situation sehr schnell eine kaum noch zu steuernde Eigendynamik entwickeln (etwa nach der Devise: "Jetzt, wo wir schon mal dabei sind ... also, das wollte ich dir auch noch sagen ...").

3.2.1.3.1 Regeln für die Rückmeldung [1]

Rückmeldung soll sein:

1. Zur rechten Zeit:
   Normalerweise ist Rückmeldung umso wirksamer, je kürzer die Zeit zwischen dem betreffenden Verhalten und der Information über die Wirkung dieses Verhaltens ist. Es müssen jedoch auch noch andere Gegebenheiten berücksichtigt werden, z.B. die Bereitschaft dieser Person, solche Information anzunehmen, die mögliche Hilfe von anderen usw.

2. Erbeten:
   Das steht im Gegensatz zu aufgezwungen.
   Rückmeldung ist dann am wirksamsten, wenn der Empfänger selbst die Frage formuliert hat, auf die der Sender ihm dann antwortet.

3. Konkret:
   Das steht im Gegensatz zu allgemein.
   Beispiel: Wenn man jemandem sagt, er sei dominierend, so hilft ihm das vielleicht viel weniger als wenn man sagt: "Gerade jetzt, als wir in dieser Sache zu einer Entscheidung kommen wollten, hast du nicht auf das gehört, was andere sagten, und ich hatte das Gefühl, daß du mich angreifen würdest, wenn ich deinen Argumenten nicht zustimme."

---

1) Nach: ANTONS 1974, S. 109 - 110

4. Beschreibend:
   Das steht im Gegensatz zu bewertend, interpretierend oder Motive suchend. Indem man seine eigene Reaktion beschreibt, überläßt man es dem anderen, diese Information nach seinem Gutdünken zu verwenden oder nicht. Indem man moralische Bewertungen unterläßt, vermindert man im anderen den Drang, sich zu verteidigen und die angebotene Information abzulehnen.

5. Klar und genau formuliert:
   Das kann man nachprüfen, indem man den Empfänger auffordert, die gegebene Information mit eigenen Worten zu wiederholen und dann seine Antwort mit der Intention des Beobachters vergleicht.

6. Angemessen:
   Rückmeldung kann zerstörend wirken,wenn wir dabei nur auf unsere eigenen Bedürfnisse schauen und wenn dabei die Bedürfnisse der anderen Person, der wir diese Information geben wollen , nicht genügend berücksichtigt werden. Angemessene Rückmeldung muß daher die Bedürfnisse aller beteiligten Personen in gerechter Weise berücksichtigen.

7. Brauchbar:
   Es muß sich auf Verhaltensweisen beziehen, die der Empfänger zu ändern fähig ist.
   Wenn jemand auf Unzulänglichkeiten aufmerksam gemacht wird, auf die er keinen wirksamen Einfluß ausüben kann, fühlt er sich nur um so mehr frustriert.

8. Korrekt:
   In einer Gruppe haben sowohl der Sender als auch der Empfänger der Rückmeldung die Möglichkeit, die mitgeteilte Beobachtung nachzuprüfen, indem auch die anderen Mitglieder der Gruppe nach ihren Eindrücken befragt werden. Dadurch werden mögliche Fehler und Ungenauigkeiten vermieden.

Die Spielregeln für wirksame Rückmeldung können wie folgt zusammengefaßt werden. Für den, der Rückmeldung erteilt:

- Beziehe dich auf konkrete Einzelheiten, auf Material der Hier- und - Jetzt-Situation,
- Unterwirf deine Beobachtung der Nachprüfung durch andere,
- Gib deine Information auf eine Weise, die wirklich hilft,

- Gib sie sobald als möglich,
- Vermeide moralische Bewertungen und Interpretationen,
- Biete deine Information an, zwinge sie nicht auf, dränge dich nicht auf.
- Sei offen und ehrlich,
- Gib zu, daß du dich möglicherweise auch irrst.

Für den, der Rückmeldung erhält:

- Nicht argumentieren und verteidigen,
- Nur zuhören, nachfragen und klären.

Die Wirksamkeit der Hilfe hängt auch von der Offenheit des Empfängers ab.

3.2.1.3.2 Verfahrensvorschlag zur Rückmeldung

1. Geben Sie als Kursleiter eine kurze inhaltliche Einführung in die Fragestellung. Bedenken Sie, daß eine Rückmeldephase nicht schon in die Einstiegssituation eingeschoben werden kann. Sie setzt ein gewisses Maß an Vertrautheit zwischen den Teilnehmern bereits voraus und sollte frühestens am Ende einer ersten Arbeitsphase gegeben werden.

2. Geben Sie für die Rückmeldephase folgende Hinweise an die Teilnehmer:
   a) Achten Sie auf Ihre Gefühle bei Diskussionen!
   Verbergen Sie sie bitte nicht, sondern melden Sie z.B. eine Arbeitsstörung sofort an!

   Beispiele für positive Gefühle sind:

   Ich fühle mich in dieser Gruppe sehr wohl.
   Ich kann so aktiv mitarbeiten, wie ich möchte.
   Ich fühle mich in dieser Gruppe frei und ungehemmt.
   Wenn ich etwas sage, fühle ich mich von den anderen Gruppenmitgliedern verstanden.

   b) Bringen Sie Ihre Gefühle in die Kleingruppe ein (schwerer ist das im Plenum).
   Dabei ist wichtig, daß Sie Ihre Gefühle mit dem eigenen Verhalten, dem Verhalten anderer Gruppenmitglieder oder mit der Situation in Zusammenhang bringen.

Wenn Sie jemandem mitteilen, wie er auf Sie wirkt, wie Sie ihn wahrnehmen, so geben Sie ihm Rückmeldung über sein Verhalten.

Gegen Sie einem anderen diese Rückmeldung nicht, dann kann der andere meist wenig über die Wirkung seines Verhaltens auf Sie erfahren. Er wird Ihnen so über längere Zeit Informationen über sich vorenthalten und wird Schwierigkeiten haben, sich so zu sehen, wie er wirkt. Ihm wird die Möglichkeit verwehrt, sein Verhalten zu überprüfen und möglicherweise zu ändern.

c) Löst das Verhalten eines Gruppenmitglieds angenehme oder unangenehme Gefühle in Ihnen aus, teilen Sie ihm dies sofort mit und nicht später und auch keinem anderen.

d) Ich teile Ihnen die Regeln für wirksame Rückmeldung aus. Wir sollten zunächst darüber diskutieren.
(Tun Sie das jedoch nicht zu lange; sonst besteht die Gefahr, daß "die Luft 'raus ist", bevor sie die Rückmeldephase beginnen.)

4. Gespräche und Beziehungsstrukturen

Wir wollen uns in diesem Teil mit einer zentralen Form der Kommunikation in Lerngruppen beschäftigen: dem Gespräch.
Wir werden dabei sowohl auf Voraussetzungen und Gesprächsstrukturen eingehen wie auch auf Techniken und Regeln und uns schließlich fragen, über welche Kompetenzen der Kursleiter in Gesprächssituationen verfügen sollte.
Wir werden dabei sowohl auf das Modell der Themenzentrierten Interaktion zurückgreifen als uns auch auf bereits geschilderte Problemsituationen beziehen.

Bei den Unterrichtsgesprächen unterscheiden wir folgende Formen:

a) Unterrichtsgespräch nach der fragenden Methode
b) Unterrichtsgespräch nach der impulsgebenden Methode
c) Unterrichtsgespräch nach der ungeleiteten Methode

Während bei der ersten Form der Kursleiter das Ziel, den Weg und das Ergebnis durch die Fragen b vorgibt und strukturiert, beschränkt er seine Aktivät bei der zweiten Form, der impulsgebenden Methode des Unterrichtsgesprächs eher daraufhin, zu Beginn oder während des Gesprächs Impulse zu geben. Bei der dritten Form übernimmt er vor allem die Funktion, der Gesprächsmoderator zu sein. Er steuert bei dieser Form am wenigsten.

Der Vorteil von Unterrichtsgesprächen liegt auf der Hand:
- Sie können gegenüber dem Vortag oder Referat längere Arbeitseinheiten planen (ca. 45 - 60 Minuten gegenüber 15 - 20 Minuten, vgl. LE Methoden).
- Im Gespräch kommen mehr Gesichtspunkte zur Geltung.
- Da neue Inhalte um so besser und tiefer (d.h. nachhaltiger) gelernt werden, je stärker Sie mit bereits Vorhandenem verknüpft werden können, sind die Ergebnisse von Gesprächen in Gruppen intensiver und effektiver, weil sich die Verbindung mit Bekanntem häufig erst während der Diskussion ergibt und weder durch sorgfältige Vorbereitung so umfassend geleistet noch im Nachhinein nachgeholt werden kann.
- Das, was Gruppen erarbeitet haben, ist für die Änderung von Einstellungen, Verhalten, Einsichten usw. viel bedeutsamer als das, was Teilnehmer hören und/oder sehen.
- In Gruppengesprächen kann nicht nur das "Thema" behandelt werden- auch das beteiligte "Ich" sowie die "Gruppe" als weitere Bestandteile des Lernprozes-

ses können thematisiert werden.

Jedoch hat das Unterrichtsgespräch auch Nachteile:

- Es verlangt eine intensive Vorbereitung des Gesprächsleiters. Dabei erfordert es sicher die geringere Mühe, Arbeitsaufträge, Materialien als Informationsträger, Medien usw. zu planen bzw. zu erstellen für die vielfältigen Richtungen, die ein Gruppengespräch einschlagen kann - größerer Anstrengung jedoch bedarf es, sich auf die Rolle des Gesprächsmoderators bzw. -leiters vorzubereiten.
- Je stärker sich der Kursleiter auf Gespräche als Arbeitsweisen in Groß- bzw. Kleingruppen einläßt, umso stärker kommen (auch offiziell) Gruppenprozesse in Gang.
- Von einem tatsächlichen oder vermeintlichen Gruppenkonsens kann ein starker Druck auf einzelne ausgeübt werden (Anpassung).
- Gespräche in Gruppen üben auf den einzelnen einen höheren Äußerungsdruck aus als andere Formen des Lernens.

4.1 Strukturen in Gesprächen

Wir wollen Ihnen zunächst eine Hilfe anbieten, Gesprächsstrukturen zu erkennen. Erinnern Sie sich dazu an die Falldarstellung, in denen Strukturen geschildert wurden. Die vier Typen von Strukturen sind außerdem geeignet, Störungen zu veranschaulichen und als Einleitung einer Metakommunikation zu dienen.

Wenn wir Gesprächsverläufe danach untersuchen, wie Aufnehmen und Verstehen von Mitteilungen geschehen, lassen sich grob vier Formen unterscheiden:

- symmetrische
- komplementäre
- pseudo
- reaktive Kommunikation

Zur Darstellung dieser vier Formen gehen wir von einem Dialog zwischen zwei Partnern aus (A und B). Wir kennzeichnen den Austausch von Mitteilungen zwischen den beiden Partnern mit Pfeilen; dabei bedeutet der angestrichelte Pfeil (---): schwache Beeinflussung, der durchgezogene Pfeil (——): starke Beeinflussung.

1. Symmetrische Kommunikation

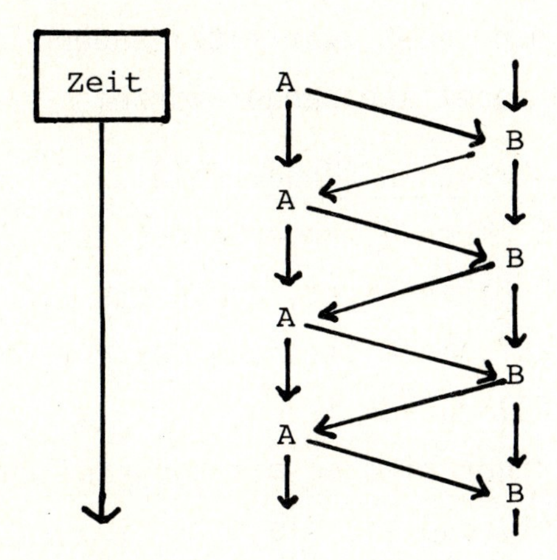

Diese Form der Kommunikation zeichnet sich dadurch aus, daß A und B sich sowohl verstehen als auch beide voneinander beeinflußt werden bzw. voneinander lernen.

Es gibt keinen dominanten Partner (auf den abgebildeten Gesprächsausschnitt bezogen).

2. Komplementäre Kommunikation

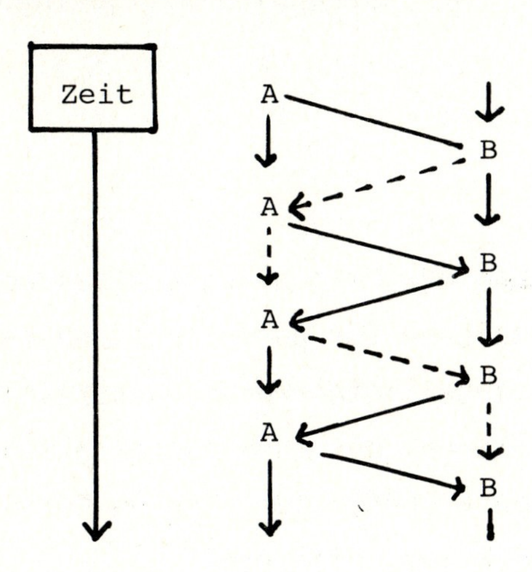

Diese funktioniert wie ein Reißverschluß:

- wo der eine Partner eine "Stärke" hat, zeigt der andere eine"Schwäche";
- das Verhalten des einen ergänzt quasi das des anderen,
- ein Partner ist für eine gewisse Zeit der dominante - der andere ordnet sich mehr oder weniger unter (hier verstanden als freiwillige Definition der Beziehungsart) und umgekehrt.

Solche Beziehungen basieren auf sich gegenseitig ergänzenden Unterschieden.

3. Pseudokommunikation

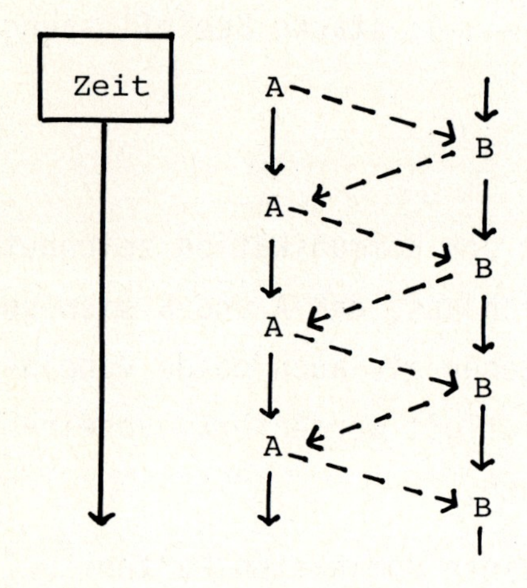

In der Abbildung ist das verdeutlicht, was wir besonders häufig beobachten können: man redet zwar miteinander - aber man redet aneinander vorbei.

Mögliche Ursachen können sein:

- A und B hören einander nicht zu,
- A und B haben Angst, durch das Eingehen auf die Mitteilung des anderen an Profil zu verlieren,
- die Partner sind so mit Vorurteilen belastet, daß sie die Mitteilungen nur auf der Beziehungsebene wahrnehmen und nur reagieren - gleichgültig, mit was. Der Lerngewinn ist gering.

4. Reaktive Kommunikation

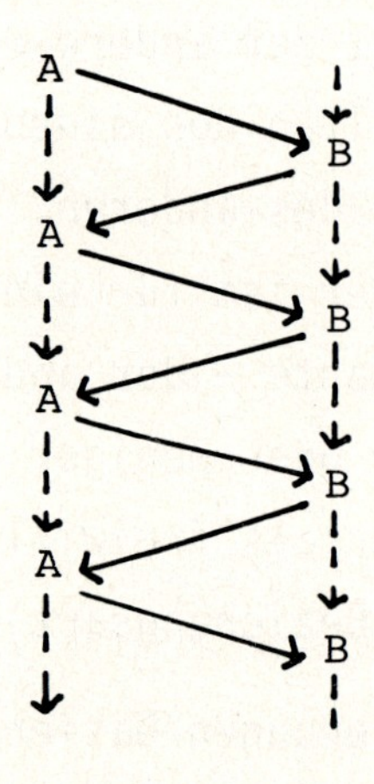

Diese Form des Mitteilungsaustausches ist Kennzeichen für politische Debatten: die beteiligten Personen scheinen keine Rolle bei der Auseinandersetzung zu spielen - ebenso gut könnten Computer miteinander kommunizieren.
Vorgeschoben wird dazu häufig die "Sachfrage", die angeblich unabhängig von den Personen sei, die sie vertreten. Lernfortschritte werden dadurch'vermieden', indem jeder Beteiligte sich beliebig ein "Stichwort" aus der Kommunikation des anderen heraussucht, daß er zum Anlaß seiner Entgegnung nimmt.

Versuchen Sie bitte, die vier Formen von Kommunikationsstrukturen unter unterschiedlichen Lernformen zu beschreiben:

Wann findet in der Ausbildung symmetrische Kommunikation statt?

Wann komplementäre? Usw.

	Bei welchen Zielen/Inhalten ?	*Bei welchen Arbeitsformen ?*
Symmetrische Kommunikation findet statt		
Komplementäre Kommunikation findet statt		
Reaktive Kommunikation findet statt		
Pseudo-Kommunikation findet statt		

Sie werden uns zustimmen können, daß die symmetrische und komplementäre Form von Kommunikation für Lernprozesse die angemessenen sind.

Wir können in Anlehnung an die Unterscheidung von Lernebenen einen Schritt weitergehen und sagen, eine weitere Ursache für das Vorherrschen asymmetrischer bzw. nicht-komplementärer Kommunikation liegt im Nicht-Berücksichtigen der inoffiziellen Inhalts- und Beziehungsaspekte.

4.2 Gesprächshaltungen des Kursleiters

Die zentrale Aussage der Themenzentrierten Interaktion lautet: "Sei dein eigener Chairman (Vorsitzender)!" [1)]

---

1) vgl. die vollständigen Regeln im Anhang

Bestimme selbst, was du sagen willst. Sprich oder schweig, wann du es willst. Versuche in dieser Stunde das zu geben und zu empfangen, was du selber geben und erhalten willst. Sei dein eigener Chairman (Vorsitzender) - und richte dich nach deinen Bedürfnissen im Hinblick auf das Thema und was immer für dich sonst wichtig sein mag. Ich als Gruppenleiter werde es genauso halten (falls Gruppenleiter vorhanden).

Diese Regel soll dir zwei Dinge besonders deutlich machen:

a) Du hast die Verantwortung dafür, was du aus dieser Stunde für dich machst.
b) Du brauchst dich nicht zu fragen, ob das, was du willst, den anderen Gruppenmitgliedern gefällt oder nicht gefällt. Sag' einfach, was du willst. Die anderen Gruppenmitglieder sind auch ihre eigenen Chairmen und werden es dir schon mitteilen, wenn sie etwas anderes wollen als du.

1. *Was bedeutet die Aussage: "Sei dein eigener Chairman" für mich als Gruppenmitglied?*
   "Chairman" bedeutet hier: Leiter meiner inneren Bestandteile: meiner Person ("Ich"), meiner Aufgabe ("Thema"), meiner Lernpartner ("Gruppe") und meiner Umwelt ("Lernumgebung")

2. *Welche Funktion hat die Aussage für mich als Gruppenleiter?*
   "Chairman" bedeutet hier: Vertreter der Interessen aller in der Lerngruppe!

3. *Wie verträgt sich diese Aussage mit der Forderung an den Kursleiter, Informant zu sein?*

4.2.1 Der Kursleiter als Mitglied der Lerngruppe

Die Aussage, "Sei dein eigener Chairman" ist die grundlegendste Forderung der Themenzentrierten Interaktion. Sie ist Ziel und Haltung zugleich. Als Ziel bedeutet die Aussage, daß die Forderung ständig den Kurs begleitet und Reflexionsgegenstand bleibt. Als Haltung ist die Aussage so zu verstehen, daß sie alle Phasen des Lernvorgangs umfaßt sowie die Gesamtpersönlichkeit fordert und nicht nur bestimmte Verhaltensbereiche. Es soll jeden einzelnen Interaktionspartner ermutigen, zunächst einmal sich selber ernstzunehmen; d.h. auf die Gefühle, Gedanken, Körperregungen, spontane Ideen, Werthaltungen, Einfälle,

Pläne, Ängste, Wünsche und Interessen usw. zu achten, die jeder in sich entdeckt. Außerdem beinhaltet diese Haltung in der Lernsituation, sowohl ein Akzeptieren der eigenen Persönlichkeit als auch eine realistische Einschätzung der Wirklichkeit.

Andererseits bedeutet diese Aussage auch, die übrigen Partner in der Gruppe wahrzunehmen und ihre Individualität ebenso zu respektieren wie die Selbstverantwortlichkeit, die jeder für sich hat.

Diese Forderung nach Selbststeuerung und Selbstverantwortlichkeit widerspricht der Erwartung vieler Teilnehmer, daß der Gruppenleiter allein die Verantwortung für das Gelingen der Arbeit und das Wohlbefinden eines jeden einzelnen und der Gruppe hat.

Die Themenzentrierte Interaktion geht davon aus, daß diese Verantwortung kein Gruppenleiter übernehmen kann.
Der Rolle des Kursleiters als Mitglied der Lerngruppe kommt nun insofern eine besondere Bedeutung zu, als er für die übrigen Teilnehmer häufig "Modell" ist. Das bedeutet, daß sich (vor allem in der Einstiegssituation) die Teilnehmer in ihren Haltungen im Kurs an dem orientieren, was der Kursleiter tut, wie er sich als Mitglied in der Lerngruppe verhält, wie er der Forderung: "Sei dein eigener Chairman" nachkommt.

Allerdings ist die Mitgliedschaft in der Lerngruppe nur ein Aspekt der "Doppelrolle" des Kursleiters: der andere Aspekt betrifft seine Rolle als Berater und als Informationsvermittler.

4.2.2 Der Kursleiter als Berater

Ohne den Anspruch zu haben, die Funktionen des Kursleiters hier umfassend zu beschreiben, läßt sich neben der Mitgliedschaft in der Lerngruppe die Funktion des Kursleiters auch als Berater kennzeichnen.

Die beratende Funktion kann dabei z.B. folgende Tätigkeiten umfassen:

- Ein einzelner Teilnehmer bittet Sie außerhalb des Kurses um einen Rat. Dabei kann es sich um persönliche, die Arbeit und/oder die Lerngruppe betreffende Probleme handeln.
- Die Gruppe oder ein Teil der Gruppe bittet Sie darum, ihr bei der Beseitigung einer Störung zu helfen. Dieser Fall kann z.B. auftreten, wenn eine

Kleingruppe meint, nicht mehr zusammenarbeiten zu können.
- Sie bemerken, daß einzelne Teilnehmer dem Lerngeschehen nicht mehr folgen. Sie haben "abgeschaltet". Sie möchten die Beobachtung zum Thema machen.
- Sie stellen fest, daß eine Gruppe ein Thema nur sehr überflächlich diskutiert. Sie möchten das besprechen.
- Sie, ein oder mehrere Teilnehmer melden im Lernprozeß eine Störung an. Z.B. in Bezug auf die Unausbalanciertheit der drei Bestandteile "Ich", "Thema", "Gruppe". Ihnen erscheint das Gespräch zunächst als die geeigneteste Methode, die Störung zu klären.

Usw.

Sicher werden einige von Ihnen bereits vor solchen Situationen gestanden haben. Vielleicht haben Sie bei solchen Gesprächen auch folgende Erfahrungen gesammelt:

Sie möchten etwas erklären. Im Verlauf des Gesprächs bemerken Sie, daß Ihr Partner Sie nicht verstanden hat.
Sie nehmen zu einer Störung Stellung. Die Reaktion des Gegenübers zeigt Ihnen aber, daß Sie die Sachlage völlig falsch eingeschätzt haben ...
Sie bieten einem Ratsuchenden Hilfen an. Dieser schlägt sie jedoch aus ...

Häufige Ursachen für solche "Mißverständnisse" liegen, neben hinderlichen äusseren Bedingungen, in den Gesprächshaltungen und -methoden, die wir uns angeeignet haben, zu denen wir erzogen worden sind.

Woher kommt das? Wenn Sie sich vergegenwärtigen, in welchem hohen Maß unser Leben von bloßem Empfang von Mitteilungen bestimmt ist, ohne daß wir reagieren, d.h. auf die Mitteilung eingehen können, dann können Sie darin eine Ursache erblicken. Wir möchten damit verdeutlichen, daß es sich bei unserem Mißverständnisse produzieren, Gesprächshaltungen - und methoden nicht einfach um persönliche Schwächen handelt, sondern daß dafür weitgehend gesellschaftliche Bedingungen verursachend sind.
Wie können wir unsere Gesprächshaltungen und -methoden verändern?

Zunächst einmal sind angemessene Haltungen und Methoden erlernbar. Dazu ist ein kritisches Überlegen ebenso notwendig wie ein ständiges Üben.
Wir möchten, da wir an dieser Stelle mit Ihnen das Trainieren leider nicht durchführen können, zumindest einige Hinweise geben, auf welche Merkmale

Ihres Gesprächsverhaltens Sie achten können:

1) Welches Ausmaß an Offenheit der Gesprächssituation ermöglichen Sie?
Welche Bedeutung, welche Auswirkungen haben:
- *Direkte Fragen auf die nur mit ja oder nein geantwortet werden kann? Oder benutzen Sie eher offene Fragen? (z.B.:"Was halten Sie von ...?")*
- *Suggestive Fragen, in denen Sie die Antworten dem Partner bereits vorgeben? Z.B.: "Sie sind doch auch wohl der Meinung, daß ...").*
- *Alternativfragen, in denen Sie durch die Entweder-Oder-Formulierung nur eine Antwortmöglichkeit lassen? Z.B.: "Entweder entschuldigen Sie sich bei Frau B. oder bitten Herrn A. um eine Vermittlung?"*

2. Welches Ausmaß an Aktivität zeigen Sie?
- *Beanspruchen Sie verhältnismäßig viel Redezeit gegenüber Ihrem Partner? oder*
- *Sind Sie eher schweigsam und/oder teilnahmslos, so daß das Interesse des Partners am Gesprächs bald erlahmen wird?*

3. Welches Ausmaß an Steuerung beinhalten Ihre Äußerungen?
- *Wie stark engen Sie den Partner durch Bewertungen ein?*
- *Wie stark verunsichern Sie den Partner durch Ironie?*
- *In welchem Ausmaß belehren Sie und wirken dadurch hemmend?*

4. Welches Ausmaß an positiven Beziehungsaspekten vermitteln Sie in ihren Mitteilungen?
- *Zeigen Sie deutliche Wertschätzung, Wärme, Zuneigung dem Partner gegenüber?*
- *Verdeutlichen Sie Interesse, Ermutigung und Verständnis?*

5. Welches Ausmaß an Echtheit zeigen Sie in Beratungssituationen?
- *Müssen Sie sich in Kurssituationen sehr verstellen - oder können Sie sich weitgehend so geben, wie Sie sind?*
- *Sprechen Sie das aus, was Sie denken und fühlen, oder halten Sie vieles zurück?*

Usw.

Wir konnten Ihnen an dieser Stelle nur einige Hinweise geben, die nicht den Anspruch haben, alle Merkmale einer positiven Beratungshaltung und -technik zu beschreiben.

Sie finden jedoch einige Seiten später (4.5) ein Instrument, mit dessen Hilfe Sie sich gezielte Rückmeldung von Ihrer Lerngruppe über ihr Kursleiterverhalten holen können.

Außerdem verweisen wir auf

- gezielte Fortbildungsangebote der Einrichtungen (Erwachsenenbildung, Wohlfahrtsverbände usw.) zum Thema "Gesprächsführung" und auf
- Lehrgänge zur Gesprächsführung, die Sie auch zu Hause bearbeiten können (z.B. WABE, Arbeitsgruppe für Sozialforschung und Organisationsberatung: Medienpraxis, Gesprächstechnik, Audio-Lehrgang Gesprächsführung, herausgegeben von der kirchlichen Hauptstelle für Bildungs- und Filmarbeit e.V., 5000 Köln, Ursulaplatz 1).

Sie können schließlich auch mit Ihrem Parnter, mit Fremden oder anhand von Tonbandaufzeichnungen ihrer Kursstunden überlegen, wie Sie sich in Gesprächen verhalten.

4.2.3 Der Kursleiter als Informant

Neben der Mitgliedschaft in einer Lerngruppe und der beratenden Funktion im Kurs haben Sie (und das könnte von vielen als Hauptaufgabe gesehen werden) meist die Funktion, Vermittler von Informationen zu sein.
Wir wollen in dieser Lerneinheit nicht darstellen, wie Sie Ihre Fähigkeiten als Informationsvermittler verbessern können - dies geschieht vor allem in den Lerneinheiten 1 - 5.
Wir möchten hier lediglich auf einen Aspekt thesenartig verweisen:
Mit Ausnahme von Kursen, die hauptsächlich dem Fertigkeitstraining dienen (Unterweisung, einigen berufsbezogenen Fächern), kann das Gespräch (in diesem Fall: Unterrichtsgespräch) für alle übrigen Themenbereiche als die wohl angemessenste Lernform mit Erwachsenen betrachtet werden.
Es stellt jedoch auch die höchsten Anforderungen an den Kursleiter:

1. Sie sollten sich mit dem Thema "Kommunikation" intensiv auseinandergesetzt haben;
2. Sie sollten während des Gesprächs ständig auf die Balance (Ich, Thema, Gruppe) achten und die Kommunikationsstrukturen erfassen (welcher der Teilnehmer wann, wie und wie lange sich beteiligt bzw. wer schweigt, usw.);

3. Sie sollten über Methoden verfügen können, die z.B. Leerlauf verhindern, mangelnde Beteiligung aufheben, verdeckte Inhalte und Beziehungen transparent machen;
4. Sie sollen den"Stoff" variabel und vollständig zur Verfügung haben, damit Sie ihn je nach Gesprächsverlauf einbringen können;
5. Notwendige Informationen sollten vorbereitet sein, so daß sie in angemessener Form variabel eingegeben werden können;
6. Sie sollten über Visualisierungstechniken verfügen, mit deren Hilfe der Gesprächsverlauf bzw. wesentliche Zwischenergebnisse festgehalten werden können.

4.3. Gesprächsrituale

Begrüßung am Kursanfang,Sitzordnung, Anredeformen usw. in Lernsituationen sind genormte Kommunikationsmuster, die in ihrem Bedeutungssinn erstarrt sind, also Rituale darstellen.
Bei Ritualen haben wir aufgehört, Fragen zu stellen und aufgehört zu überlegen, warum wir so handeln.
Beispiele für andere Rituale sind: Ostereier verstecken; kirchlich heiraten, weil's so schön ist; Zuckertüten zum Schulbeginn der Erstklässler; usw.

Rituale haben auf der einen Seite die Funktion, die Komplexität sich wiederholender Situationen zu reduzieren - sie verhindern auf der anderen Seite, daß die Beteiligten überlegen können, was sie von der Situation halten, wie sie sie definieren.

Übertragen auf Lernsituationen bedeuten Rituale, daß sie als feststehende Kommunikationsmuster weder vom Sinn noch vom Ablauf her "Verhandlungssache" sind.
Nun ist die Weiterbildung sicherlich nicht so von Ritualen durchsetzt, wie etwa die Bereiche Schule oder Hochschule. In Ansätzen finden wir jedoch auch hier erstarrte Kommunikationsmuster. Dazu gehört z.B. die Abschlußbesprechung am Kursende.

Vielleicht können Sie sich noch einige Abschlußbesprechungen vergegenwärtigen:

1. Wie sind diese gestaltet worden?

2. Was ist dabei herausgekommen?

Aufgrund der Ritualisierung von Abschlußbesprechungen in Veranstaltungen der Weiterbildung erleben wir meist die Situation, daß sich, gleichgültig welche Vorgaben Sie machen, die Teilnehmeräußerungen in einem "Friede-Freude-Eierkuchen-Bild" aufhaben. Sie sind sich unsicher: War der Kurs nun wirklich so gut? Oder will keiner kurz vorm Auseinandergehen noch etwas Negatives sagen?

Ähnliches erleben Sie wahrscheinlich, wenn sich Gäste von Ihnen verabschieden. Häufig hören Sie: "Ach, Frau B., es war wirklich ganz reizend bei Ihnen. Vielen Dank."

Usw.

Wir möchten Ihnen vorschlagen, die Unfruchtbarkeit solcher Rituale dadurch zu beseitigen, indem Sie die Abschlußbesprechung entlasten:

a) Legen Sie mehrere Zwischenkritiken ein. Dieses Vorgehen ermöglichst, daß Sie rechtzeitig Hinweise dafür bekommen, was die Teilnehmer an inhaltlichen, methodischen, lernklimatischen und auf die Gruppe bezogenen Einwänden haben (Zwischenkritiken sollten als Lernregeln bereits in der Einstiegsphase verabredet werden);

b) erinnern Sie die Teilnehmer an die Lernregel: "Störungen haben Vorrang";

c) erarbeiten Sie Vorgaben für die Auswertung der Veranstaltung, die als Arbeitsaufträge einzeln oder in Kleingruppen "vorbehandelt" werden und auch solche Fragen umfassen, die sich stärker an wirklichkeitsnahen Perspektiven der Weiterarbeit orientieren.

Besonders mit dem letzten Vorschlag kommen Sie dem häufig zu beobachtenden Bedürfnis der Teilnehmer entgegen, noch nicht oder zumindest nicht so auseinanderzugehen. Es ist eine milde Art der Trennungsangst, die hinter dem Bedürfnis steht, sich noch etwas mitzuteilen. Folglich können wir nicht vorschlagen, Abschlußbesprechungen einfach wegzulassen.

4.4 Die Erfassung von Merkmalen des Kursleiterverhaltens

Wir hatten Ihnen im vorangehenden Teil einige Möglichkeiten skizziert, wie Sie Informationen über Ihr Gesprächsverhalten erhalten können. Wir wollen Ihnen hier ein Beispiel für einen Fragebogen vorstellen, mit dessen Hilfe Sie erfassen können, wie die Teilnehmer Ihr Gesprächsverhalten einschätzen

Der Fragebogen umfaßt zwei Seiten des Kursleiterverhaltens:

- zum einen das Verstehen, Wissen, die Themengestaltung usw. des Kursleiters (kognitive Dimensionierung, also hauptsächlich den Inhaltsaspekt betreffend):

  Einfachheit der Ausdrucksweise; die Anschaulichkeit und Geläufigkeit von Wortwahl, beispielhafte Verdeutlichung,usw.

  Strukturiertheit des Stoffes, der Diskussion usw.; der Kursleiter ordnet, gibt Ziele, Zwischenergebnisse, Impulse; die Teilnehmer wissen, wohin 'die Reise geht', usw.

  Kürze, Prägnanz von Ausführungen; der Kursleiter beschränkt sich auf das Wesentliche, usw.

  Stimulanz, der Stoff ist interessant, teilnehmerbezogen aufbereitet und durch Beispiele veranschaulicht, usw.

- zum anderen die sozial-emotionale Wirkung des Kursleiters (affektive Seite, also hauptsächlich den Beziehungsaspekt betreffend):

  Wertschätzung, der Kursleiter zeigt freundliches, ermutigendes, anerkennendes Verhalten, usw.

  Teilnehmerorientiert (Nondirigismus), der Kursleiter hält sich zurück, läßt Entscheidungsfreiheit und die Teilnehmer zu Wort kommen, usw.

  Aktivität, der Kursleiter ist aktiv, setzt sich ein, ist interessiert und bemüht, usw.

  Echtheit , der Kursleiter verstellt sich nicht, ist offen und sagt, was er denkt; er trägt keine Maske zur Schau, scheut sich nicht, Gefühle zu äußern, usw.

Die Beurteilungsbögen benutzen die Gegenüberstellung von Eigenschaften, um eine möglichst unbefangene und doch einigermaßen umfassende Einschätzung des Kursleiterverhaltens erfassen zu können.

Den Bewertungsbögen drucken wir in dem A-Teil dieser Lerneinheit in Originalgröße ab, so daß Sie ihn kopieren können. Es gehört ein Auswertungsbogen dazu, auf dem die Ergebnisse zusammengefaßt werden können. Besonders günstig ist, diesen auf Klarsichtfolie für den Arbeitsprojektor vorbereitet zu haben. (Vgl. A-Teil)

In dieser (hier stark verkleinerten) Fassung sind die Eigenschaftspaare, die die acht Dimensionen des Kursleiterverhaltens erfassen sollen, durcheinander gemischt sowie nach positiven und negativen Adjektiven links bzw. rechts durch Zufall noch verteilt, um Reiheneffekte beim Ankreuzen zu vermeiden.

Hier nun der Fragebogen.

Kreuzen Sie bitte die Eigenschaften an, die Ihrer Meinung nach zu dem Kursleiter passen. Zum Beispiel:

fröhlich 3 2 1 0 1 2 3 traurig

Finden Sie den Kursleiter teilweise traurig, dann durchkreuzen Sie die 2 rechts. Die 3 links bedeutet: Er wirkt überwiegend fröhlich, die 0: Sie können sich weder für fröhlich noch traurig entscheiden.

unfreundlich	3 2 1 0 1 2 3	freundlich	1
knapp	3 2 1 0 1 2 3	weitschweifig	2
ungeordnet	3 2 1 0 1 2 3	geordnet	3
ehrlich	3 2 1 0 1 2 3	unehrlich	4
zurückhaltend	3 2 1 0 1 2 3	macht Vorschläge	5
passiv	3 2 1 0 1 2 3	aktiv	6
lenkend	3 2 1 0 1 2 3	nicht lenkend	7
abwertend	3 2 1 0 1 2 3	anerkennend	8
zeigt Gefühle	3 2 1 0 1 2 3	verbirgt Gefühle	9
vorschlagend	3 2 1 0 1 2 3	befehlend	10
entmutigend	3 2 1 0 1 2 3	ermutigend	11
kompliziert	3 2 1 0 1 2 3	einfach	12
anschaulich	3 2 1 0 1 2 3	unanschaulich	13
verständlich	3 2 1 0 1 2 3	unverständlich	14
uninteressant	3 2 1 0 1 2 3	interessant	15
kurz	3 2 1 0 1 2 3	langatmig	16
unwesentlich	3 2 1 0 1 2 3	wesentlich	17
phantasievoll	3 2 1 0 1 2 3	nüchtern	18
läßt zu Wort kommen	3 2 1 0 1 2 3	bevormundend	19
bemüht	3 2 1 0 1 2 3	lahm	20
zielvoll	3 2 1 0 1 2 3	ziellos	21
indirekt	3 2 1 0 1 2 3	direkt	22
unüberschaubar	3 2 1 0 1 2 3	überschaubar	23
sachlich	3 2 1 0 1 2 3	unsachlich	24

Durchführung

Die Anwendung ist nur sinnvoll, wenn Teilnehmer schon ausreichend Gelegenheit hatten, Sie kennenzulernen und wenn nach der Auswertung noch Gelegenheit besteht, das Ergebnis mit der Gruppe zu besprechen. Denn das ist, neben der Funktion des Fragebogens als Informationsquelle für Sie, wichtiges Ziel und Anlaß für eine Metakommunikation über den Kursverlauf.

Vor dem Austeilen der Bögen muß geklärt werden, warum diese Erhebung sinnvoll ist. Das Ausfüllen muß genau besprochen, aber auch die gemeinsame Auswertung angekündigt werden.

Bei der Auswertung interessiert die durchschnittliche Beurteilung der Kursteilnehmer zu den einzelnen Dimensionen. Wie erhalten Sie nun diesen "Mittelwert"?

Zur Auswertung der Anworten gehen Sie wie folgt vor: Sie notieren sich zu jeder Frage die jeweilige Anzahl der einzelnen Bewertungen durch die Teilnehmer auf einem Fragebogen durch eine Strichliste (z.B. bei 14 Teilnehmern für das 1. Eigenschaftspaar: /// //// /// // // /

unfreundlich + 3 + 2 + 1 0 - 1 - 2 - 3 freundlich)

Dann multiplizieren Sie die Anzahl der Bewertungen mit den Ziffern und rechnen positive (mit '+' versehene) gegen negative (mit '-' versehene) zusammen (in unserem Beispiel:

9 10 3 0 -1

/// //// /// // /

unfreundlich + 3 + 2 + 1 0 - 1 - 2 - 3 freundlich

= (+9) + (10) - (+3) - (-1) = 21)

und

teilen durch die Anzahl aller Teilnehmer (in unserem Beispiel: 14; auch die, die Null gewählt haben, werden berücksichtigt: 21 : 14 = / 1,5).

Diese Zahl ist der "Mittelwert"; er gibt an, wie im Durchschnitt alle Teilnehmer zu diesem Punkt urteilen. In unserem Beispiel könnte man das als positive Bewertung mit Einschränkungen ausdrücken.
Sie tragen diesen Wert auf Ihrer Auswertungsfolie ein (seien Sie dabei jedoch nicht übergenau: die möglichen Stellen hinter dem Komma täuschen eine Genauigkeit vor, die nicht der Wirklichkeit entspricht, da es sich um Einschätzungen handelt.

Sie sollten bei der Besprechung jedoch nicht nur die Durchschnittswerte angeben, sondern auch auf die Streuung achten: denn die für das Beispiel ermittelte + 1,5 kann auf sehr verschiedene Arten zustande gekommen sein:

- z.B. könnten in einem Extremfall

10 Teilnehmer	+ 3	(= + 30)	
3 Teilnehmer	- 2	(= - 6)	und
1 Teilnehmer	- 3	(= - 3)	angekreuzt
14		+ 21	

haben. Das Ergebnis deutet darauf hin, daß Teilnehmer in der Einschätzung Ihres Verhaltens abweichen. Fragen Sie sich, woher das kommen kann und besprechen Sie es in der Gruppe.

Für die Auswertung benutzen Sie bitte folgenden Bogen, in dem die Eigenschaftspaare wieder den acht Dimensionen zugeordnet und positiv links und negativ rechts abgedruckt sind. (Die Zahlen unter den Dimensionsbezeichnungen sollen Ihnen die Zuordnung der Eigenschaftspaare aus dem Fragebogen zu den Dimensionen des Auswertungsbogens erleichtern, dieser Bogen ist hier verkleinert wiedergegeben. Sie finden ihn im Anhang im Original abgedruckt.)

Kognitive Dimension

Einfachheit: 12, 13, 14		Kompliziertheit:
einfach	3 2 1 0 1 2 3	kompliziert
anschaulich	3 2 1 0 1 2 3	unanschaulich
verständlich	3 2 1 0 1 2 3	unverständlich
Strukturiertheit: 3, 23, 21		**Unstrukturiertheit:**
geordnet	3 2 1 0 1 2 3	ungeordnet
überschaubar	3 2 1 0 1 2 3	unüberschaubar
zielvoll	3 2 1 0 1 2 3	ziellos
Kürze/Prägnanz: 2, 16, 17		**Weitschweifigkeit:**
knapp	3 2 1 0 1 2 3	weitschweifig
kurz	3 2 1 0 1 2 3	langatmig
wesentlich	3 2 1 0 1 2 3	unwesentlich
Stimulans: 15, 18, 24		**Nüchternheit:**
interessant	3 2 1 0 1 2 3	uninteressant
phantasievoll	3 2 1 0 1 2 3	nüchtern
sachlich	3 2 1 0 1 2 3	unsachlich

Affektive Dimension

Wertschätzung: 1, 8, 11		Geringschätzung:
freundlich	3 2 1 0 1 2 3	unfreundlich
ermutigend	3 2 1 0 1 2 3	entmutigend
anerkennend	3 2 1 0 1 2 3	abwertend
Nondirigismus: 7, 10, 19		**Dirigismus:**
nicht lenkend	3 2 1 0 1 2 3	lenkend
vorschlagend	3 2 1 0 1 2 3	befehlend
läßt zu Wort kommen	3 2 1 0 1 2 3	bevormundend
Aktivität: 5, 6, 20		**Passivität:**
macht Vorschläge	3 2 1 0 1 2 3	zurückhaltend
aktiv	3 2 1 0 1 2 3	passiv
bemüht	3 2 1 0 1 2 3	lahm
Echtheit: 4, 9, 22		**Unechtheit**
ehrlich	3 2 1 0 1 2 3	unehrlich
zeigt Gefühle	3 2 1 0 1 2 3	verbirgt Gefühle
direkt	3 2 1 0 1 2 3	indirekt

A ARBEITSHILFEN

1. Literaturverzeichnis

ARGELANDER, H.: Gruppenprozesse. Wege zur Anwendung der Psychoanalyse in Behandlung, Lehre und Forschung, Reinbek 1972

BAACKE, D.: Kommunikation und Kompetenz, München 2/1975

BECK, J.: Lernen in der Klassenschule, Reinbek 1974

BRENNER, Ch.: Praxis der Psychoanalyse, Ffm. 1979

BROCHER, T.: Gruppendynamik und Erwachsenenbildung, Braunschweig 1967

BRUMLIK, M.: Der symbolische Interaktionismus und seine pädagogische Bedeutung, Ffm. 1973

COHN, R.: Von der Psychoanalyse zur themenzentrierten Interaktion, Stuttgart 1975

ERNSBERGER, B.: Gruppendynamik und Didaktik der Erwachsenenbildung, Stuttgart 1973

FRITZ, J.: Interaktionspädagogik - Methoden und Modelle, München 1975

GOFMANN, E.: Interaktion: Spaß am Spiel, Rollendistanz, München 1973

HABERMAS, J.: Zur Entwicklung der Interaktionskompetenz, Ffm. 1975

HUND, W.D.: Kommunikation in der Gesellschaft, Ffm. 3/1974

KNOLL, J.: Gruppentherapie und pädagogische Praxis, Bad Heilbrunn 1977

KOVEL, J.: Kritischer Leitfaden der Psychotherapie, Ffm. 2/1979

NEUMANN, G., STIEHL, H.: Unterricht als kommunikatives Handeln, Hrsg.: Bundesinstitut für Berufsbildung, Hannover 1976

PAVEL, F.-G.: Die klientzentrierte Psychotherapie, München 1978

PIONTKOWSKI, U.: Psychologie und Interaktion, München 1976

POPP, W.: Kommunikative Didaktik: soziale Dimensionen d. didaktischen Felder, Weinheim etc. 1976

RITTELMEYER, K., WARTENBERG, R.: Verständigung und Interaktion. Zur politischen Dimension der Gruppendynamik, München 1975

ROGERS, C.R.: Die klient-bezogene Gesprächstherapie, München 1973, S. 34 - 214, 255 - 285

SADER, M.: Psychologie der Gruppe, München 1976

SCHÄFER, A.: Kritische Kommunikation und gefährdete Identität, Stuttgart 1978

SCHERER, K.R., WALLBOTT, H.G.: Nonverbale Kommunikation, Weinheim etc. 1979

SCHMIDBAUER, W.: Sensitivitätstraining und analytische Gruppendynamik, München 1973

SCHÜLEIN, J.A.: Psychotechnik als Politik. Zur Kritik der pragmatischen Kommunikationstheorie, Ffm. 1976

SCHWÄBISCH, L., SIEMS, M.: Anleitung zum sozialen Lernen für Paare, Gruppen und Erzieher, Reinbek 1974, TB

SEIFERT, J.E.: Pädagogik der Sensitivierung, Lampertheim 1975

STENDENBACH, F.J.: Soziale Interaktion und Lernprozesse, Köln-Berlin 1963

TAUSCH, R.: Erziehungspsychologie, Göttingen 1970

TIETGENS, H.: Zur Beobachtung von Weiterbildungsprozessen, Braunschweig 1974

VOPEL, K.W.: Interaktionsspiele, Lebendiges Lernen, Bde. 1 - 9, Hamburg 1974 (Selbstverlag)

WABE, Arbeitsgruppe für Sozialforschung und Organisationsberatung: Medienpraxis. Gesprächstechniken. Hrsg.: Kirchliche Hauptstelle für Bild- und Filmarbeit e.V.

WATZLAWICK, P., BEAVIN, J.H., JACKSON, D.D.: Menschliche Kommunikation, Bern 2/1971

WATZLAWICK, P., WEAKLAND, J., FISCH, R.: Lösungen, Bern etc. 2/1975

ZINNECKER, J.: Der heimliche Lehrplan, Weinheim 1975

ZÖSCHBAUER, F., HOEKSTRA, H.: Kommunikationstraining, Heidelberg 1974

2. Regeln der Themenzentrierten Interaktion [1)]

1. Sei dein eigener Chairman

Bestimme selbst, was du sagen willst. Sprich oder schweig, wann du es willst. Versuche,in dieser Stunde da zu geben und zu empfangen, was du selbst geben und erhalten willst. Sei dein eigener Chairman (Vorsitzender) - und richte dich nach deinen Bedürfnissen im Hinblick auf das Thema und was immer für dich sonst wichtig sein mag. Ich als Gruppenleiter werde es genauso halten (falls Gruppenleiter vorhanden).

Diese Regel soll dir zwei Dinge besonders deutlich machen:

a) Du hast die Verantwortung dafür, was du aus dieser Stunde für dich machst.

b) Du brauchst dich nicht zu fragen, ob das, was du willst, den anderen Gruppenmitgliedern gefällt oder nicht gefällt. Sag einfach, was du willst. Die anderen Gruppenmitglieder sind auch ihre eigenen Chairmen und werden es dir schon mitteilen, wenn sie etwas anders wollen als du.

2. Störungen haben Vorrang

Unterbrich das Gespräch, wenn du nicht wirklich teilnehmen kannst, zum Beispiel, wenn du gelangweilt, ärgerlich oder aus einem anderen Grund unkonzentriert bist. Ein "Absender" verliert nicht nur die Möglichkeit der Selbsterfüllung in der Gruppe, sondern er bedeutet auch einen Verlust für die ganze Gruppe. Wenn solche Störung behoben ist, wird das unterbrochene Gespräch entweder wieder aufgenommen werden oder einem momentan wichtigeren Platz machen.

3. Wenn du willst, bitte um ein Blitzlicht (siehe Lerneinheit "Methoden")

Wenn dir die Situation in der Gruppe nicht mehr transparent ist, dann äussere zunächst deine Störung und bitte dann die anderen Gruppenmitglieder in Form eines Blitzlichts auch kurz, Ihre Gefühle im Moment zu schildern.

4. Es kann immer nur einer sprechen

Es darf nie mehr als einer sprechen. Wenn mehrere Personen auf einmal

---

1) vgl. COHN 1978, S. 121

sprechen wollen, muß eine Lösung für diese Situation gefunden werden. "Seitengespräche" sind zwar wichtig, aber sie stören und der Inhalt ist als Störung in die Gruppendiskussion einzubringen.

5. Experimentiere mit dir

Frage dich, ob du dich auf deine Art verhältst,weil du es wirklich willst. Oder möchtest du dich eigentlich anders verhalten - tust es aber nicht, weil dir das Angst macht. Prüfe dich, ob dein Verhalten Annäherungs- oder Vermeidungsverhalten ist. Versuche, öfters neues Verhalten auszuprobieren und riskiere das kleine, aufgeregte körperliche Kribbeln dabei. Dieses Kribbeln ist ein guter Anzeiger dafür, daß du für dich ungewohntes und neues Verhalten ausprobierst.

6. Beachte deine Körpersignale

Um besser herauszubekommen, was du im Augenblick fühlst und willst, horche in deinen Körper hinein. Er kann dir oft mehr über deine Gefühle und Bedürfnisse erzählen als dein Kopf.

7. "Ich" statt "Man" oder "Wir"

Sprich nicht per "Man" oder "Wir", weil du dich hinter diesen Sätzen zu gut verstecken kannst und die Verantwortung nicht für das zu tragen brauchst, was du sagst. Zeige dich als Person und sprich per "Ich". Außerdem sprichst du in "Man"- oder "Wir"-Sätzen für andere mit, von denen du gar nicht weißt, ob sie das wünschen.

8. Eigene Meinungen statt Fragen

Wenn du eine Frage stellst - sage, warum du sie stellst. Auch Fragen sind oft eine Methode, sich und seine eigene Meinung nicht zu zeigen. Außerdem können Fragen oft inquisatorisch wirken und den anderen in die Enge treiben. Äußerst du aber deine Meinung, hat der andere es viel leichter, dir zu widersprechen oder sich deiner Meinung anzuschließen.

9. Sprich direkt

Wenn du jemandem aus der Gruppe etwas mitteilen willst, sprich ihn direkt an und zeige durch Blickkontakt, daß du ihn meinst. Sprich nicht über einen Dritten zu einem anderen und sprich nicht zur Gruppe, wenn du eigentlich einen bestimmten Menschen meinst.

10. Fordere Metakommunikation bzw. Rückmeldung

Gib Rückmeldung, wenn du das Bedürfnis hast. Löst das Verhalten eines Gruppenmitgliedes angenehme oder unangenehme Gefühle bei dir aus, teile es ihm sofort mit, und nicht später einem Dritten.

Wenn du Rückmeldung gibst, sprich nicht über das Verhalten des anderen, denn du kannst nicht wissen, ob du es objektiv und realistisch wahrgenommen hast. Sprich nicht in einer bewertenden und normativen Weise. Vermeide Interpretationen und Spekulationen über den anderen.
Sprich zunächst einfach von den Gefühlen, die durch das Verhalten des anderen bei dir ausgelöst werden. Danach kannst du versuchen, das Verhalten des anderen so genau und korrekt wie möglich zu beschreiben, damit er begreifen kann, welches Verhalten deine Gefühle ausgelöst hat. Laß dabei offen, wer der "Schuldige" an deinen Gefühlen ist. Du benötigst dabei keine objektiven Tatsachen oder Beweise - deine subjektiven Gefühle genügen, denn auf diese hast du ein unbedingtes Recht.

11. Wenn du Rückmeldung erhältst, hör ruhig zu

Wenn du Rückmeldung erhältst, versuche nicht gleich, dich zu verteidigen oder die Sache "klarzustellen". Denk daran, daß dir hier keine objektiven Tatsachen mitgeteilt werden können, sondern subjektive Gefühle und Wahrnehmungen deines Gegenübers. Freue dich zunächst, daß dein Gesprächspartner dir sein Problem erzählt, das er mit dir hat. Diese Haltung wird dir helfen, ruhig zuzuhören und zu prüfen, ob du auch richtig verstanden hast, was er meint. Versuche, zunächst nur zu schweigen und zuzuhören, dann von deinen Gefühlen zu sprechen, die durch das Feedback ausgelöst worden sind, und erst dann gehe auf den Inhalt ein.

3. Einstiegsverfahren

Wir können Ihnen an dieser Stelle keinen hinreichenden Überblick über die Vielfalt der möglichen Einstiegsverfahren geben.[1)]
Außerdem können wir natürlich nicht alle möglichen Situationen bzw. Teilnehmerzusammensetzungen vorausdenken bzw. aufführen. So benennen wir hier einige Verfahren, die sich durch die Intensität des Sich-Einbringens, durch die Fülle der wechselseitigen Information sowie durch den Ansatz unterscheiden:

Zunächst können wir die Einstiegsverfahren nach dem Hauptmedium unterscheiden:
a) verbales Medium
  - Namensspiele (z.B. Schilderaustausch)
  - Interviewspiele (z.B. Partnerinterview),Assoziationsspiele (z.B. Vier-Ecken-Spiel)
b) nonverbales Medium
  - Papier- und Beispielstiftspiele (z.B. Erwartungskollage)
  - Bewegungsspiele (z.B. Herumwandern)
  - Erkundungsspiele (z.B. Entdeckungsreise)

Zwischen diesen Verfahren besteht insofern eine Beziehung, als sie Abstufungen darstellen, in Bezug auf
- Redezeit, die dem einzelnen zur Verfügung steht (z.B. Vorstellung: Partnerinterview; lang).
- Notwendigkeit des Sich-Einbringens in die Lerngruppe (z.B. Vorstellung: groß; Partnerinterviews und nonverbale Verfahren gering).
- Gefahr des Austausches von Pseudokommunikation (z.B. Vorstellung groß, Vier-Ecken-Spiel und nonverbale Verfahren gering).
- Asymmetrien in der Kommunikation (die Gefahr ist z.B. beim Vier-Ecken-Spiel und dem herkömmlichen Vorstellen groß, beim Partnerinterview und den nonverbalen Verfahren gering).
- Übung der Wahrnehmungsfähigkeit (diese ist z.B. beim Partnerinterview gegeben, Unterschied Selbst- zu Fremdwahrnehmung; ebenso bei Entdeckungsreise und Herumwandern).

---

1) Wir möchten Sie auf zwei Veröffentlichungen hinweisen, in denen Sie eine umfangreiche Sammlung von Verfahren finden:
- BAER, U.: Kennenlernspiele - Einstiegsmethoden, hrsg. in Zusammenarbeit mit der Akademie Remscheid für musische Bildung und Medienerziehung, Remscheid 3/1979 (Bezug: Spiele Basar, Lütticher Str. 55, 5000 Köln 1).
- VOPEL, K.: Interaktionsspiele, Bde. 1 - 9, Reihe: Lebendiges Lernen & Lehren; Hamburg 1976 (Bezug: ISCO, Sierekingallee 86, 2000 Hamburg 26).

4. Fragebogenvordrucke zum Kursleiterverhalten

Kreuzen Sie bitte die Eigenschaften an, die Ihrer Meinung nach zu dem Kursleiter lassen. Zum Beispiel:

fröhlich 3 2 1 0 1 2 3 traurig

Finden Sie den Kursleiter teilweise traurig,dann durchkreuzen Sie die 2 rechts. Die 3 links bedeutet: Er wirkt überwiegend fröhlich, die 0: Sie können sich weder für fröhlich noch traurig entscheiden.

unfreundlich	3	2	1	0	1	2	3	freundlich	1
knapp	3	2	1	0	1	2	3	weitschweifig	2
ungeordnet	3	2	1	0	1	2	3	geordnet	3
ehrlich	3	2	1	0	1	2	3	unehrlich	4
zurückhaltend	3	2	1	0	1	2	3	macht Vorschläge	5
passiv	3	2	1	0	1	2	3	aktiv	6
lenkend	3	2	1	0	1	2	3	nicht lenkend	7
abwertend	3	2	1	0	1	2	3	anerkennend	8
zeigt Gefühle	3	2	1	0	1	2	3	verbirgt Gefühle	9
vorschlagend	3	2	1	0	1	2	3	befehlend	10
entmutigend	3	2	1	0	1	2	3	ermutigend	11
kompliziert	3	2	1	0	1	2	3	einfach	12
anschaulich	3	2	1	0	1	2	3	unanschaulich	13
verständlich	3	2	1	0	1	2	3	unverständlich	14
uninteressant	3	2	1	0	1	2	3	interessant	15
kurz	3	2	1	0	1	2	3	langatmig	16
unwesentlich	3	2	1	0	1	2	3	wesentlich	17
phantasievoll	3	2	1	0	1	2	3	nüchtern	18
läßt zu Wort kommen	3	2	1	0	1	2	3	bevormundend	19
bemüht	3	2	1	0	1	2	3	lahm	20
zielvoll	3	2	1	0	1	2	3	ziellos	21
indirekt	3	2	1	0	1	2	3	direkt	22
unüberschaubar	3	2	1	0	1	2	3	überschaubar	23
sachlich	3	2	1	0	1	2	3	unsachlich	24

Kognitive Dimension

Einfachheit: 12, 13, 14								Kompliziertheit:
einfach	3	2	1	0	1	2	3	kompliziert
anschaulich	3	2	1	0	1	2	3	unanschaulich
verständlich	3	2	1	0	1	2	3	unverständlich

Strukturiertheit: 3, 23, 21								Unstrukturiertheit:
geordnet	3	2	1	0	1	2	3	ungeordnet
überschaubar	3	2	1	0	1	2	3	unüberschaubar
zielvoll	3	2	1	0	1	2	3	ziellos

Kürze / Prägnanz: 2, 16, 17								Weitschweifigkeit:
knapp	3	2	1	0	1	2	3	weitschweifig
kurz	3	2	1	0	1	2	3	langatmig
wesentlich	3	2	1	0	1	2	3	unwesentlich

Stimulans: 15, 18, 24								Nüchternheit:
interessant	3	2	1	0	1	2	3	uninteressant
phantasievoll	3	2	1	0	1	2	3	nüchtern
sachlich	3	2	1	0	1	2	3	unsachlich

Affektive Dimension

Wertschätzung: 1, 8, 11								Geringschätzung:
freundlich	3	2	1	0	1	2	3	unfreundlich
ermutigend	3	2	1	0	1	2	3	entmutigend
anerkennend	3	2	1	0	1	2	3	abwertend

Nondirigismus: 7, 10, 19								Dirigismus:
nicht lenkend	3	2	1	0	1	2	3	lenkend
vorschlagend	3	2	1	0	1	2	3	befehlend
läßt zu Wort kommen	3	2	1	0	1	2	3	bevormundend

Aktivität: 5, 6, 20								Passivität:
macht Vorschläge	3	2	1	0	1	2	3	zurückhaltend
aktiv	3	2	1	0	1	2	3	passiv
bemüht	3	2	1	0	1	2	3	lahm

Echtheit: 4, 9, 22								Unechtheit:
ehrlich	3	2	1	0	1	2	3	unehrlich
zeigt Gefühle	3	2	1	0	1	2	3	verbirgt Gefühle
direkt	3	2	1	0	1	2	3	indirekt